REPARATUREN KOMPAKT

HOLZ UND MÖBEL

Peter Birkholz • Michael Bruns • Karl-Gerhard Haas • Hans-Jürgen Reinbold

W0334063

Stiftung Warentest

INHALTSVERZEICHNIS

SERVICE

VERTRÄGE UND BESTIMMUNGEN

IN DER MIETWOHNUNG

Oft ist die Wohnung nicht ganz so, wie es der Mieter gern hätte. Kleinere Umbauten, neue Fußböden, eine Einbauküche, neue Fronten für die Einbauküche, ein Hochbett oder der fest eingebaute Wandschrank an der falschen Stelle. Aber auch abseits von Um- und Einzug lassen sich Gebrauchsspuren auf Möbelstücken, Holzvertäfelungen oder Parkett kaum vermeiden.

Bevor es aber ans Reparieren geht, stellt sich erst einmal die Frage: Muss der Mieter überhaupt selbst anpacken, oder ist das ganze Sache des Vermieters? Es lohnt also, einen Blick in den Mietvertrag zu werfen.

KEINE ANGST VORM KLEINGEDRUCKTEN

Dort wird in der Regel beschrieben, welche Arbeiten der Mieter selbst ausführen muss. Meist sind das die Schönheitsreparaturen, also Streichen und Tapezieren, und dazu sogenannte Kleinreparaturen, also Kleinigkeiten, die – würde man einen Handwerker beauftragen – unter 100 Euro bleiben.

Nur: Was im Mietvertrag steht, ist nicht immer auch rechtswirksam. Oft führt der Vermieter dort Klauseln auf, die einer rechtlichen Überprüfung nicht standhalten. Sie gelten selbst dann nicht, wenn der Mieter sie eigenhändig unterschrieben hat. Wer wirklich wissen will, ob Mieter oder Vermieter für die Arbeiten zuständig sind, muss die aktuelle Rechtsprechung kennen.

Denn im Mietrecht gilt, wie auch sonst bei Alltagsgeschäften, „Vertragsautonomie“: Im Rahmen der gesetzlichen Vorschriften ist ein Vertrag frei verhandelbar. Die meisten Mietverträge sind jedoch als Formular bereits vorgedruckt und müssen nur noch ausgefüllt werden. Solche standardisierte Vordrucke stellen Allgemeine Geschäftsbedingungen dar, kurz: AGB. Wer ein solches Klauselwerk benutzt, will im Regelfall nicht mehr jede einzelne Position in Frage stellen. Von „frei verhandelbar“ kann also bei den meisten Mietverträgen keine Rede sein, zumal der Mieter bei der „Verhandlung“ auch noch am kürzeren Hebel sitzt.

Wegen dieses Ungleichgewichts am Verhandlungstisch gelten für Allgemeine Geschäftsbedingungen strenge Regeln: Die AGB müssen ausgewogen sein, sie dürfen die Gegenseite nicht unangemessen benachteiligen. Sie müssen klar formuliert sein, in allgemein verständlicher Sprache und dürfen keine überraschenden Klauseln enthalten, mit denen niemand rechnen konnte. Falls eine Klausel nicht ganz eindeutig ist, gilt immer die Interpretation, die für den Mieter am vorteilhaftesten ist. Und schließlich darf das gefürchtete „Kleingedruckte“ nicht so klein und eng bedruckt sein, dass man es kaum lesen kann.

Anders ist das Ganze, wenn es sich nicht um AGB handelt. Das würde zum Beispiel für die Klauseln in einem individuell ausgehandelten Vertrag gelten. Dann gelten die strengen Anforderungen des AGB-Rechts nicht, die Klauseln bleiben wirksam, auch wenn sie ungerecht sind, denn der Mieter konnte ja bei den Vertragsverhandlungen Einfluss darauf nehmen. Manche Vermieter versuchen sich daher damit zu retten, dass sie den Mieter einen handschriftlichen Zusatz unterschreiben lassen: „Dieser Vertrag wurde individuell ausgehandelt.“ oder indem sie keinen Vordruck

ABKÜRZUNGEN

AG Amtsgericht
Az. Aktenzeichen
Bay OLG Bayerisches Oberlandesgericht
BGB Bürgerliches Gesetzbuch
BGH Bundesgerichtshof
GG Grundgesetz
LG Landgericht
OLG Oberlandesgericht
WEG Wohnungseigentumsgesetz

verwenden, sondern den gesamten Vertrag handschriftlich aufsetzen. Das ändert aber nichts am AGB-Charakter, wenn der Vermieter ganz ähnliche Verträge schon zuvor „ausgehandelt" hat oder später auch mit anderen Mietern abschließt. Wenn der Vermieter einen Vordruck handschriftlich ergänzt, kann das nur als Individualvereinbarung durchgehen, wenn der Zusatz dem Text einen ganz anderen Sinn gibt.

VIELE UNWIRKSAME KLAUSELN

Wegen dieser strengen Anforderungen weisen viele – wenn nicht die meisten – Verträge Klauseln auf, die unwirksam sind. Das heißt: Sie sind nicht rechtsgültig, sondern werden so behandelt, als seien sie nie abgeschlossen worden. Das gilt auch dann, wenn der Mieter den Vertrag unterschrieben hat. Auch eine an sich rechtsverbindliche Unterschrift ändert nichts daran, dass eine Klausel wie „Mündliche Absprachen gelten nicht" per se unwirksam ist. Was mündlich abgemacht wurde, hat sogar Vorrang. Das Problem ist nur, dass es schwer zu beweisen ist, wenn keine Zeugen zugegen waren.

Unwirksam ist es beispielsweise, dem Mieter Kosten für Reparaturen aufzubürden, die er von Gesetzes wegen nicht tragen muss. So muss der Mieter beispielsweise nicht das Abschleifen, Grundieren und Lasieren von Holzpaneelen an Wand und Decke bezahlen (LG Marburg, Az. 5 S 58/00) – unter der Voraussetzung, dass er die Schäden nicht durch unsachgemäße Nutzung verursacht hat.

TIPP: SACHSTAND DOKUMENTIEREN

Um überflüssigen Streit zu vermeiden, sollten Sie

- vor dem Einzug Fotos vom Zustand der Wohnung machen,
- beim Einzug ebenso wie beim Auszug gemeinsam mit dem Vermieter ein Wohnungsübergabeprotokoll anfertigen, um den Zustand der Räume zu dokumentieren,
- fristgemäß, spätestens beim Auszug, alle Renovierungsarbeiten erledigen, bei denen die Fristen abgelaufen sind. Heben Sie (als Beweis) die Quittungen für das Material auf.

EINRICHTEN ERLAUBT

Die eigenen Möbel zu pflegen und zu reparieren ist natürlich jedem selbst überlassen. Wer jedoch größere Projekte angehen möchte, darf das nicht ohne Zustimmung des Vermieters tun. Alle Baumaßnahmen, die die Wohnung grundlegend verändern oder in die Bausubstanz eingreifen wie zum Beispiel das Verlegen von Fliesen, das Verputzen von Wänden oder das Abziehen von Dielen , sind genehmigungspflichtig . Schließlich sind die Räume zwar gemietet, aber letzten Endes handelt es sich um fremdes Eigentum. Und nur weil die Miete pünktlich überwiesen wird, darf der Mieter nicht frei darüber verfügen.

Tut er es doch, kann das teuer werden. Der Vermieter kann verlangen, dass die Umbauten umgehend rückgängig gemacht werden. Weigert der Mieter sich, kann das sogar eine fristlose Kündigung nach sich ziehen. Allerdings muss der Vermieter sich damit beeilen: Wenn die Kündigung nicht spätestens zwei bis drei Monate, nachdem er den Rückbau verlangt und der Mieter nichts unternommen hat, eintrifft, lehnen viele Gerichte sie schon ab. Dann bleibt den Mietern zwar die Kündigung erspart, doch zurücknehmen müssen sie die Einbauten dennoch. Die viele Arbeit und das investierte Geld sind dann umsonst, hinzu kommen noch die Kosten für den Rückbau.

VERMIETER MUSS ZUSTIMMEN

Doch oft darf der Vermieter seine Zustimmung gar nicht verweigern. In vielen Fällen haben Gerichte entschieden, dass er sein Okay geben muss. Diese Zustimmungspflicht bezieht sich aber eher auf Notwendigkeiten. Geht es hingegen nur darum, dem Mieter das Leben zu erleichtern, darf der Vermieter ablehnen.

Aber selbst wenn die Genehmigung des Vermieters vorliegt, müssen Mieter bei ihren Arbeiten dafür sorgen, dass sie unnötige Beeinträchtigungen und größere Schäden vermeiden. Für irreparabel beschädigte Gegenstände können dem Mieter die Kosten für Material und Montage aufgebrummt werden.

TIPP: EINBAUTEN

Wenn Sie beim Einzug in eine neue Wohnung Einrichtungsgegenstände oder Einbauten übernehmen, die ein Vormieter eingebaut hat, halten Sie im Mietvertrag schriftlich fest, was damit bei Ihrem künftigen Auszug passiert!

KLEINE ÄNDERUNGEN ERLAUBT

Lediglich über Kleinigkeiten darf der Mieter frei entscheiden. Allerdings ist die Verwirklichung des eigenen Geschmacks nur erlaubt, soweit es nicht genehmigungsbedürftige Umbauten betrifft. So darf der Mieter nicht einfach eine vom Vermieter gestellte Küche auswechseln (Az. 62 S 115/96).

Kleinere Ausstattungen, die dem normalen Wohnen dienen, dürfen Mieter ohne Zustimmung des Vermieters anbringen, zum Beispiel neue Wandfarbe oder -vertäfelung, andere Bodenbeläge, ein Hochbett oder Podest oder auch einen Wandschrank. Auch Styroporplatten an den Decken und Plastikfolien auf Türen und Türrahmen sind erlaubt, wenn sie keine irreparablen Schäden an Holz oder Lackierung anrichten (AG Tempelhof-Kreuzberg, Az. 19 C 39/01). Auch darf der Mieter Zimmertüren aushängen und Einbauschränke vorübergehend entfernen (LG Berlin, Az. 67 S 351/94). Das Amtsgericht Hamburg meinte gar, dass „die Verlegung eines Laminat-Fußbodens, die mit der Kürzung der Zimmertüren einhergeht, vom vertragsgemäßen Gebrauch der Mietwohnung gedeckt" sei (Az. 39 AC 114/98).

BODENBELÄGE

Wird die Wohnung ohne Bodenbelag vermietet, darf der Mieter selbst einen verlegen. Den muss er allerdings bei seinem Auszug wieder entfernen, wobei keine Klebereste zurückbleiben dürfen (LG Köln, Az. 1 C 45/77). Wurde der Fußboden vom vorherigen Mieter verlegt, gilt er als mitvermietet, wenn im Mietvertrag nicht etwas anderes steht. In dem Fall muss der Mieter den Bodenbelag nicht entfernen, wenn er auszieht (LG Mainz 3 S 4/96).

EINBAUTEN BEIM AUSZUG ENTFERNEN

Beim Auszug muss der Mieter den ursprünglichen Zustand der Wohnung wiederherstellen. Für ihn besteht eine Wegnahmepflicht: Alle Gegenstände und Einbauten, die er in die Wohnung gebracht hat, muss er auf seine Kosten entfernen, sofern mit dem Vermieter nichts anderes vereinbart wurde. Der Vermieter ist zur Übernahme selbst dann nicht verpflichtet, wenn er dem Einbau zuvor zugestimmt hat.

Deshalb darf der Vermieter beim Ein- oder Umbau als Gegenleistung für seine Zustimmung eine zusätzliche Sicherheitszahlung verlangen, damit er nicht auf den Kosten für den Rückbau sitzen bleibt, falls der Mieter seinen Pflichten nicht nachkommt.

AUSNAHMEN VON DER WEGNAHMEPFLICHT

Von der Wegnahmepflicht gibt es Ausnahmen: vertragliche Regelung, Wertsteigerung, begründete Notwendigkeit oder unnötige Belastung.

Grundsätzlich sollten Mieter vor aufwendigen Investitionen eine schriftliche Vereinbarung mit dem Vermieter treffen: ob die Arbeiten rückgängig gemacht werden müssen, ob eventuell der Nachmieter sie zu übernehmen hat, ob und in welcher Höhe er sich dann zu den ursprünglichen Kosten beteiligen soll, oder ob der Vermieter Wertersatz leistet.

Haben aber zum Beispiel Ausbauarbeiten eines Mieters zur Wertverbesserung des Hauses geführt, so ist der Mieter nicht verpflichtet, die Wohnung bei Ende des Vertrags in einen schlechteren Zustand zurückzuversetzen, entschied in einem Fall das Landgericht Hamburg. Der Mieter hatte in Bad und Küche dauerhafte Einrichtungen geschaffen, die auch über dessen Mietzeit hinaus nutzbar blieben (Az. 16 S 230/86).

Die Pflicht zum Rückbau gilt auch dann nicht, wenn die Veränderungen ohnehin notwendig waren und der Vermieter seine Zustimmung sowieso hätte geben müssen, zum Beispiel wenn ein alter, defekter Kühlschrank gegen ein neues, effizienteres Gerät ersetzt wurde.

Ähnlich ist es, wenn die Wohnung erst durch die Umbauten in einen vertragsgemäßen Zustand kam oder wenn der Vermieter nach dem Auszug die Wohnung so umbauen möchte, dass die Einbauten des Mieters ohnehin herausgenommen werden müssen. Er darf dann auch kein Geld verlangen für den Aufwand, den der Mieter durch den unnötig gewordenen Rückbau einspart (BGH, Az. VIII ZR 231/84).

SONDERREGELN FÜR BEHINDERTE

Etwas anders ist die Lage, wenn der Mieter eine Behinderung hat und Umbauten notwendig sind, damit er nicht aus seiner Wohnung ausziehen und womöglich in ein Heim umsiedeln muss. Viele dieser Umbauten sind genehmigungspflichtig. Zwar darf der Vermieter seine Zustimmung in diesem Fall nach Paragraf 554 a BGB immerhin nicht verweigern, er kann aber auch hier eine zusätzliche Kautionszahlung fordern.

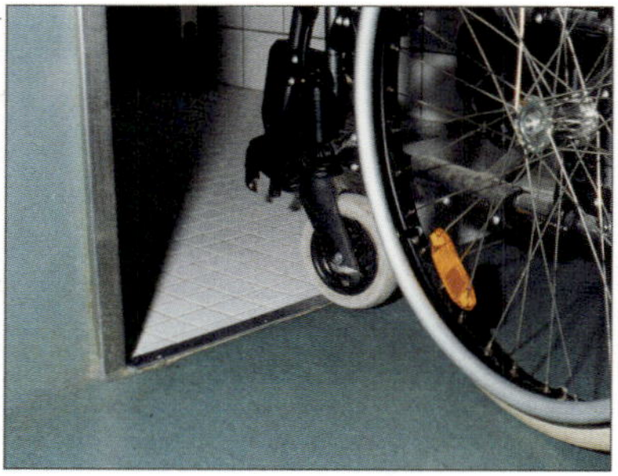

Während etwa kleine rutschsichere Rampen an Türschwellen keiner Genehmigung bedürfen, muss vor der Entfernung der Schwellen oder einer Türverbreiterung die Zustimmung des Vermieters eingeholt werden.

Die Kosten für den Einbau wie für die Wiederherstellung des ehemaligen Zustands hat der Mieter selbst zu tragen. Deswegen empfiehlt sich auch hier, bereits vor Beginn der Arbeiten vertraglich mit dem Vermieter zu klären, was mit den Umbauten beim Auszug geschehen soll.

ANSPRÜCHE DES VERMIETERS AUF REPARATUREN

Beschädigt der Mieter Eigentum des Vermieters, muss er es natürlich ersetzen oder reparieren. Wenn die Schäden aber beispielsweise als Abnutzung durch den normalen Wohngebrauch entstehen, kann der Vermieter die Reparaturkosten nicht auf den Mieter abwälzen.

KLEINREPARATUREN: NUR BEI VERTRAGLICHER VEREINBARUNG

Die Instandhaltung einer Wohnung obliegt grundsätzlich dem Vermieter (§ 535 BGB). Gleichwohl kann der Mieter verpflichtet werden, sich um Bagatellen selbst zu kümmern. Der Streit beider Vertragsparteien um solche vermeintlichen

Kleinigkeiten hat sogar schon den Bundesgerichtshof beschäftigt (BGH, Az. VIII ZR 38/90 und Az. VIII ZR 91/88).

Die damalige Grenze von 100 Mark dürfte heute eher bei etwa 100 Euro anzusetzen sein. Sie gilt aber nur, wenn der Mietvertrag eine Höchstgrenze für die vom Mieter zu tragenden Kosten zur Beseitigung von Bagatellschäden nennt: Eine Gesamtsumme von maximal 300 Euro pro Jahr dürfte gerade noch zulässig sein. Steht davon nichts im Vertrag, ist die gesamte Klausel über Kleinreparaturen unwirksam, und der Mieter muss nichts zahlen.

NUR TEILE, AUF DIE MIETER ZUGRIFF HABEN

Außerdem darf sich die Vereinbarung nur auf die Teile der Wohnung beziehen, die dem direkten und häufigen Zugriff des Mieters ausgesetzt sind, beispielsweise Durchlauferhitzer, Therme, Herd oder Einbauküche, auch Jalousien, Fenster und Türverschlüsse – nicht aber auf Sachen, auf die er gar keinen Einfluss hat wie beispielsweise die Leitungen für Gas, Wasser oder Strom.

Voraussetzung ist in jedem Fall die bereits erwähnte ausdrückliche Festlegung der Kostenobergrenze im Mietvertrag.

Die Zweite Berechnungsverordnung prägt dabei den Begriff der „kleinen Instandhaltung". Demnach umfassen die kleinen Instandhaltungen „nur das Beheben kleiner Schäden an den Installationsgegenständen für Elektrizität, Wasser und Gas, den Heiz- und Kocheinrichtungen, den Fenster- und Türverschlüssen sowie den Verschlussvorrichtungen von Fensterläden".

Und: Auf den Mieter abgewälzt werden dürfen nur die Kosten einer Reparatur, nicht deren Durchführung. Klauseln im Mietvertrag, wonach der Mieter selbst tätig werden muss – Handwerker beauftragen oder Beseitigen der Schäden in Eigenarbeit –, sind unwirksam. Als Mieter sollte man sich unter Kostenaspekten aber sehr wohl überlegen, ob man den Austausch einer Dichtung bei einem tropfenden Wasserhahn eventuell doch selbst erledigt.

DAS GEHÖRT ZU DEN SCHÖNHEITSREPARATUREN

Beim Stichwort „Schönheitsreparaturen" legen Vermieter gern den Akzent auf den zweiten Teil des Wortes. Doch alle möglichen Reparaturarbeiten sind keineswegs damit gemeint. Was Vermieter oder Mieter leisten müssen, hat der **Bundesgerichtshof** geklärt: „Schönheitsreparaturen umfassen nur das Tapezieren, Anstreichen oder Kalken der Wände und Decken, das Streichen der Fußböden, Heizkörper einschließlich der Heizrohre, der Innentüren sowie der Fenster und Außentüren von innen." Das ist durchaus wörtlich zu verstehen. Der Außenanstrich von Türen, auch die **Fußböden sind Vermietersache**. Der Mieter kann allenfalls zu den üblichen Pflegemaßnahmen verpflichtet werden, nicht aber etwa zum Abschleifen des Parketts – nicht einmal vertraglich (OLG Hamm, Az. 30 Re Miet 3/90).

STREITPUNKTE: DÜBELLÖCHER, DRUCKSTELLEN UND VERSCHLEISS

Streit gibt es oft um Dübellöcher. Aber das Anbringen von Dübeln – auch in Kacheln – zur Befestigung von Regalen und Schränken entspricht dem normalen Gebrauch.

Der Mieter muss die Löcher beim Auszug lediglich verspachteln, aber deshalb nicht die gesamte Wand neu verputzen. Nur eine aus dem Rahmen fallende Häufung von Dübellöchern ist als „übernormale Abnutzung" anzusehen. Für den üblichen Verschleiß zum Beispiel von Parkettböden oder Holzpaneelen kann der Mieter keinesfalls haftbar gemacht werden. Vereinzelte Druckstellen auf dem Parkett durch schwere Möbel sollten zwar vermieden werden, sind aber ebenfalls noch von der normalen Abnutzung gedeckt.

Und: Das Streichen der Fußbodendielen gehört nicht zu den Schönheitsreparaturen, wenn die Wohnung mit Bodenbelag vermietet worden war (LG Berlin, Az. 62 S 87/96).

MIETMINDERUNG

Kann ein Mieter seine Wohnung nicht so nutzen, wie er es normalerweise erwarten darf, liegt – juristisch gesprochen – ein „Mangel an der Mietsache" vor. Der Mieter ist dann berechtigt, die Miete zu mindern. Die Möglichkeit der Mietminderung ist kein Gnadenakt des Vermieters. Sie muss weder beantragt noch genehmigt werden, sondern ist gesetzlich verbrieftes Recht (§ 536 BGB). Es kommt also nicht darauf an, ob der Vermieter einverstanden ist. Der Vermieter kann dieses Recht auch nicht durch eine Klausel im Mietvertrag ausschließen oder beschränken.

Die Höhe einer Mietminderung richtet sich nach dem Umfang der Beeinträchtigung. Allerdings lassen sich allgemeingültige Regeln über den prozentualen Anteil, der von

SO MINDERN SIE DIE MIETE

Teilen Sie den Mangel an der Wohnung **dem Vermieter** mit – aus Beweisgründen am besten schriftlich. Fordern Sie ihn auf, den Mangel zu beseitigen. Setzen Sie dafür eine **angemessene Frist**: je nach Dringlichkeit der Sache wenige Tage oder ein bis zwei Wochen.

Kündigen Sie schon mit der Mängelmeldung **an**, dass Sie bei Überschreitung der Frist die Miete um einen bestimmten Prozentsatz reduzieren werden.

Falls Sie gar nicht einschätzen können, um wie viel Prozent eine Mietminderung angemessen wäre, leisten Sie weitere Mietzahlungen nur „**unter Minderungsvorbehalt**".

Zahlen Sie bei der erfolgreichen, **restlosen Beseitigung** aller aufgetretenen Mängel sofort wieder die volle Miete.

Grundsätzlich gilt: Reden Sie mit Ihrem Vermieter, bevor Sie mit dem Anwalt drohen. Das erleichtert beiden Parteien die Erfüllung des Vertrags und macht auch den weiteren Umgang miteinander leichter.

der Miete abgezogen werden kann, nicht aufstellen. Denn „Beeinträchtigung" wird – wie Lärm – subjektiv empfunden. Jedes Beispiel für die Höhe einer Mietminderung kann also immer nur Anhaltspunkt sein und nicht die Regel. Im Streitfall ist die endgültige Beurteilung der Höhe einer Mietminderung Sache des Richters.

WANN DER VERMIETER NICHT ZUSTÄNDIG IST

Jeder Mieter möchte eine Wohnung in gutem Zustand. Dafür zahlt er Miete, und der Vermieter kümmert sich darum, dass die Räume fehlerfrei sind. Von dieser Regel gibt es einige wenige Ausnahmen: Wenn der Mieter den Mangel durch einen übermäßigen, vertragswidrigen Gebrauch selbst verschuldet hat, muss er sich auch selbst um die Beseitigung kümmern. Beschädigt der Mieter das Parkett oder das Laminat beispielsweise durch die Abdrücke sogenannter Pfennigabsätze, geht das über die normale Abnutzung hinaus (LG Mannheim, Az. 12 S 9/72).

Eine Haftung des Vermieters ist ebenfalls ausgeschlossen, wenn der Mieter schon bei Abschluss des Vertrags den Mangel kannte. Dann sind Ansprüche aus daraus resultierenden Schäden ausgeschlossen, ebenso das Recht auf Mietminderung (§ 536 b BGB).

Schwierig kann es auch werden, wenn der Mieter die Mängelanzeige verschläft oder ihm „um des lieben Friedens willen" schlechterdings der Mut fehlt, die Wohnungsmängel zu melden: Die Mietminderung ist „sowohl für die Vergangenheit als auch für die Zukunft ausgeschlossen", wenn ein Mieter nach Bezug der Mieträume einen Mangel feststellt und danach die Miete über einen längeren Zeitraum – in der Regel sechs Monate – vorbehaltlos weiterzahlt (LG Berlin, Az. 67 S 344/00).

Anschrift
Ort, 00. Monat Jahr

MÄNGELANZEIGE MIT MINDERUNGSANKÜNDIGUNG
Mietobjekt: (Straße, Hausnummer, Mietvertragsnummer)

Sehr geehrte / r Herr / Frau (Vermieter),
ich möchte darauf hinweisen, dass die Wohnung folgende Mängel hat / dass der Wohnung weitere Schäden drohen wegen folgender Mängel: (genaue Beschreibung der Mängel und wo sie auftreten, zum Beispiel:)
Die Heizkörper im Wohnzimmer werden seit dem 5. Dezember nicht mehr warm. Dieser Zustand hält auch nach einer Entlüftung der Heizkörper an.
Diese Mängel mindern die Tauglichkeit der Wohnung zum vertragsgemäßen Gebrauch, weil (Schilderung der Wohnwertminderung, zum Beispiel:) wir uns an kühlen Tagen dort nicht aufhalten können.
Laut Gesetz (§ 536 BGB) bin ich berechtigt, die Miete zu mindern. Ich halte eine Minderung um ... Prozent für angemessen, solange der Mangel nicht beseitigt ist. Den Minderungsbetrag von ... Euro ziehe ich von der Warmmiete ab und überweise bis zur Mängelbeseitigung nur noch ... Euro.
Ich bitte Sie, den Mangel bis spätestens (taggenau bestimmtes Datum, nicht „binnen zwei Wochen“) 12. Dezember zu beseitigen. Falls bis dahin nichts erfolgt, behalte ich mir vor, einen zusätzlichen Teil der Miete gemäß vorherrschender Rechtsprechung als sogenannten Druckzuschlag einzubehalten.
Mit freundlichen Grüßen

(Unterschrift)

BEISPIELE FÜR MIETMINDERUNGEN

Mängel	Minderung	Aktenzeichen
Briefkasten defekt	2 Prozent	AG Potsdam, Az. 26 C 406/94
Fahrradkeller plötzlich nicht mehr zugänglich	2,5 Prozent	AG Menden, Az. 4 C 407/06
Badewannenabfluss defekt	3 Prozent	AG Schöneberg, Az. 5 C 72/90
Sprechanlage ausgefallen	5 Prozent	AG Rostock, Az. 41 C 183/98
Klingel fehlt	5 Prozent	AG Potsdam, Az. 26 C 406/94
Mülltonne fehlt	5 Prozent	LG Coburg, Az. 32 S 139/00
Direkt vorm Schlaf- und Wohnzimmer wird ein Parkplatz neu gebaut	5 Prozent	AG Berlin-Spandau, Az. 6 C 526/99
Fenster blind und feuchtigkeitsbeschlagen	5 Prozent	AG Kassel, Az. 802 C 2502/92
Wasser dringt durch die Fenster	5 Prozent	LG Berlin, 61 S 437/81
Gerüche aus Nachbarwohnung wegen Tierhaltung	10 Prozent	AG Bergisch Gladbach, Az. 23 C 280/90
Laute Knackgeräusche aus der Heizung	10 Prozent	LG Hannover, Az. 9 S 211/93
Ratten im Hof	10 Prozent	AG Aachen, Az. 5 C 5/00
Tauben nisten im Haus	10 Prozent	LG Berlin, Az. 64 S 84/95
Teppichboden mangelhaft	15 Prozent	OLG Celle, Az. 2 U 216/93
Baugerüst vorm Haus, dadurch Verdunkelung und erhöhte Einbruchgefahr	15 Prozent	AG Hamburg, Az. 38 C 483/95
Toilette spült mangels Wasserdruck unzureichend	15 Prozent	AG Münster, Az. 49 C 133/92
Warmwasserboiler im Bad defekt	15 Prozent	AG München, Az. 232 C 37276/90
Prostitution im Haus	25 Prozent	AG Regensburg, Az. 3 C 1121 + 1146/90
Einzige Dusche kann nicht genutzt werden	33 Prozent	AG Köln, Az. 206 C 85/95
Totalausfall der Heizung im Winter	75 Prozent	LG Berlin, Az. 64 S 291/91
Keine Küche, obwohl im Mietvertrag zugesichert	100 Prozent	LG Itzehoe, Az. 1 S 397/96

IM WOHNEIGENTUM

Vor dem Umzug in die Eigentumswohnung ist die Vorfreude meist groß, suggeriert diese Wohnform doch, man könne endlich tun und lassen, was man wolle. Die hohen Erwartungen werden allerdings nicht selten nach wenigen Monaten enttäuscht, wenn der Immobilienbesitzer merkt, dass sich das Leben in der neuen Wohnung nur wenig von dem in der bisherigen Mietwohnung unterscheidet: Es gibt Essensgerüche im Treppenhaus, Kinderlärm und Streit um Haus, Hof und Garten. Zudem fehlt der – aus Sicht eines Mieters – für alles allein Verantwortliche: der Vermieter.

DARAUF MÜSSEN EIGENTÜMER ACHTEN

Die eigenen vier Wände in einer Eigentumswohnung umschließen eben kein Eigenheim, sondern nur einen Anteil an einer Wohnanlage, in der alle Eigentümer ihre individuellen Interessen durchsetzen wollen. So gibt es zwar keinen reglementierenden Mietvertrag, aber an eine Hausordnung, Teilungserklärung oder Gemeinschaftsordnung müssen sich auch Wohnungseigentümer halten. Darin ist festgelegt, wie der Einzelne sein Eigentum nutzen darf. Das Wohneigentum ist das alleinige „Sondereigentum" des Eigentümers, während das Gemeinschaftseigentum (beispielsweise das Grundstück) allen gehört und von allen genutzt wird.

Zum individuellen Sondereigentum zählt alles, was innerhalb der Wohnung verändert, beseitigt oder eingefügt werden kann (§ 5 WEG), ohne dass das gemeinschaftliche Eigentum oder das Sondereigentum eines anderen davon beeinträchtigt wird: beispielsweise nicht tragende Wände, Fußbodenbelag, Putz, Heizkörper, Armaturen, Waschbecken, Dusche und Wanne, Innentüren sowie die Installationsleitungen für Strom, Wasser und Heizung ab der Abzweigung von den Hauptsträngen. Der Wohnungseigentümer hat sein Sondereigentum instand zu halten (§ 14 WEG), darf daran reparieren, es verändern, streichen und nach Gutdünken damit verfahren, sofern dem nicht gesetzliche Vorschriften oder die Rechte Dritter entgegenstehen.

Die unterschiedliche Auslegung dieser Rechte führt immer wieder zum Rechtsstreit. So ist vielen Eigentümern nicht klar, dass ihnen lediglich der Innenanstrich „ihrer" Fenster selbst überlassen ist. Für den Außenanstrich, der den Gesamteindruck den Hauses verändert, ist die Gemeinschaft zuständig – sofern nichts anderes schriftlich vereinbart ist. Ebenso zuständig ist die Gemeinschaft für alle anderen gemeinschaftlichen Einrichtungen: Fassade, Dach, Balkon, Außentüren, tragende Wände in den Wohnungen.

Hat der Besitzer seine Wohnung vermietet, ist er für alle von seinen Mietern unzulässigerweise vorgenommenen baulichen Veränderungen verantwortlich und muss sie notfalls selbst beseitigen (OLG Köln, Az. 16 Wx 58/00).

Fazit: Die Nutzungsrechte des Eigentümers an den Wohnräumen gehen zwar weiter als die eines Mieters, doch darf er nicht nach Gutdünken umgestalten, schon gar nicht am Gemeinschaftseigentum. Hier hilft nur ein Blick in die Gemeinschaftsordnung.

TIPP: ALTE VERTRÄGE

Hin und wieder lohnt es sich, seinen abgeschlossenen Vertrag mit aktuellen Angeboten zu vergleichen. Nur so kann man sicher sein, abhängig von den eigenen Vorgaben den günstigsten beziehungsweise umfassendsten Versicherungsschutz zu besitzen.
Finanztest untersucht regelmäßig die Tarife von über hundert Versicherungsanbietern, am schnellsten einsehbar im Internet unter www.test.de.

VERSICHERUNGEN

HAFTPFLICHTVERSICHERUNG

Die Haftpflichtversicherung ist ein Muss, denn wer einen Schaden verursacht, trägt die finanziellen Folgen. Gemietete Wohnungen sind üblicherweise im Versicherungsschutz enthalten. Die Haftpflichtversicherung trägt aber nur Schäden, die Fremde beim Schadenverursacher geltend machen. Wer sich selber einen Schaden zufügt, kann von der Privathaftpflichtpolice nichts erwarten. Die Versicherungssumme sollte möglichst hoch sein. Finanztest rät zu einer

Erstattung von mindestens 2,56 Millionen Euro pauschal für Personen- und Sachschäden. Bestimmte Risiken sind mit dieser Summe aber nicht gedeckt. Lesen Sie sich deshalb vor Abschluss der Police den Vertrag genau durch.

HAUSRATVERSICHERUNG

Die Hausratversicherung greift bei Einbruch sowie bei Schäden durch Brand, Leitungswasser oder Sturm. Sie ist nur für den Hausrat da, ersetzt also nur bewegliche Gegenstände, nicht hingegen fest eingebaute Teile des Hauses. Ob die Schäden wirklich von der Versicherung abgedeckt sind oder nicht etwa durch Eigenverschulden des Versicherungsnehmers entstanden sind, überprüfen einige Gesellschaften sehr genau.

Wenn gezahlt wird, erhält der Kunde – wo eine Reparatur unmöglich ist – grundsätzlich den Neuwert des Stückes, beziehungsweise den Neuwert des technisch aktuellen Äquivalents. Deswegen muss die Versicherungssumme entsprechend hoch angesetzt sein: Liegt eine Unterversicherung vor, gibt es im Schadensfall entsprechend weniger.

Gegen eine Unterversicherung werden verschiedene Modelle angeboten, beispielsweise der Unterversicherungsverzicht oder die Selbstbeteiligung. Alle Modelle sind mit Vor- und Nachteilen versehen – die beste Variante muss der Verbraucher anhand seiner individuellen Situation bestimmen. In jedem Fall ist auch hier ein aufmerksamer Blick in den Vertrag hilfereich.

TIPP: BESTANDSAUFNAHME MIT FOTOS

Nutzen Sie die private Inventur gleich, um besonders wertvolle Stücke in Ihrem Haushalt zu fotografieren. Die ausgefüllte Wertermittlungsliste und die Fotos bewahren Sie dann am besten außer Haus auf – zum Beispiel bei Bekannten oder im Schließfach der Bank.

TIPP: WERTE IM HAUSHALT

Auch oder gerade für Altkunden ist es sinnvoll, ab und zu einen Streifzug durch die Wohnung zu machen, um den Gesamtwert des Hausrats zu dokumentieren und eventuell die Versicherungssumme zu erhöhen.
Dabei hilft die Wertermittlungsliste der Stiftung Warentest, die unter www.test.de/hausratliste kostenlos im Internet steht. Vergessen Sie nicht Sachen, die mittlerweile im Keller oder auf dem Dachboden liegen.

DAS GRUNDWISSEN

DIE WERKZEUG-GRUNDAUSSTATTUNG

QUALITÄT VON WERKZEUGEN
Wir testen immer wieder Werkzeuge für die verschiedensten Einsatzgebiete und veröffentlichen die Ergebnisse in der Zeitschrift test und bei www.test.de.

Um Möbel zu pflegen und mit Holzwerkstoffen zu arbeiten, egal ob im eigenen Haus oder in der Mietwohnung, benötigen Sie eine gewisse Werkzeug-Grundausstattung, die sich an Ihren handwerklichen Ambitionen aber auch Möglichkeiten orientieren sollte. Eine Grundauswahl haben wir für Sie hier zusammengestellt.

Billigwerkzeuge halten in der Regel nicht lange und lassen meist auch in der Leistung zu wünschen übrig. Für gelegentliche Anwendungen genügt oft schon eine mittlere Qualitätsstufe. Wer jedoch häufiger zum Werkzeug greift und Langlebigkeit erwartet, sollte zu den höherwertigen Modellen greifen.

Gewisse Rückschlüsse auf die Qualität lassen sich aus Materialangaben ziehen. Doch Vorsicht: Bei Werkzeugen mit Schneiden wie etwa Stechbeiteln kann ein einfacher Kohlenstoffstahl schneidhaltiger sein als die hochlegierten, zähharten Stähle. Man kennt diesen Effekt von nichtrostenden Messern, die vergleichsweise schlecht schneiden. Material und Verwendungszweck eines Werkzeugs müssen also aufeinander abgestimmt sein.

Skepsis ist auch angebracht bei Werkzeugen, die in den Ramschregalen vor der Kasse angeboten werden oder als ganzes Sortiment zum Niedrigstpreis. Nur eine einzige scharfe Feile zu besitzen, ist befriedigender als einen ganzen Satz stumpfer.

Werkzeuge mit Gummigriffen können mit PAK (polyzyklischen aromatischen Kohlenwasserstoffen) oder gesundheitsschädlichen Weichmachern belastet sein. Diese als krebserregend und Erbgut verändernd geltenden Stoffe gelangen über die Haut leicht in den Körper. Den genauen Nachweis einer Belastung mit PAK kann nur eine chemische Analyse erbringen, doch Hinweise darauf liefert auch unser Geruchssinn. Strömen die Griffe oder Beläge einen intensiven Geruch nach Gummi oder Chemikalien aus, lassen Sie besser die Finger davon. Ein solider Hammer mit Holzgriff tut es auch.

HAMMER

Ein Hammer darf natürlich in keinem Werkzeugkasten fehlen. Es gibt je nach Handwerkssparte mindestens 50 verschiedene Typen, vom Ausbeulhammer bis zum Zuschlaghammer. Der Schlosserhammer mit 300 oder 500 Gramm schwerem Kopf ist jedoch der Klassiker. Er eignet sich zum Einschlagen von Nägeln und für leichte Meißelarbeiten. Zum Einschlagen dünner Stifte, zum Beispiel bei Bilderrahmen, sollte besser ein leichter Hammer verwendet werden.

Achten Sie beim Hammerkauf auf eine solide Verbindung von Hammerkopf und Stiel. Der Stiel sollte im Auge des Hammerkopfs mit einer sichtbaren Keil-

TIPP: HILFEN BEIM HÄMMERN

Wer ungeübt ist, kann sich mit einer Kombizange oder einem **Nagelhalter** aus Kunststoff den blauen Daumen ersparen. Die Nägel lassen sich aber genauso mit einem kleinen Streifen Karton in Position halten.

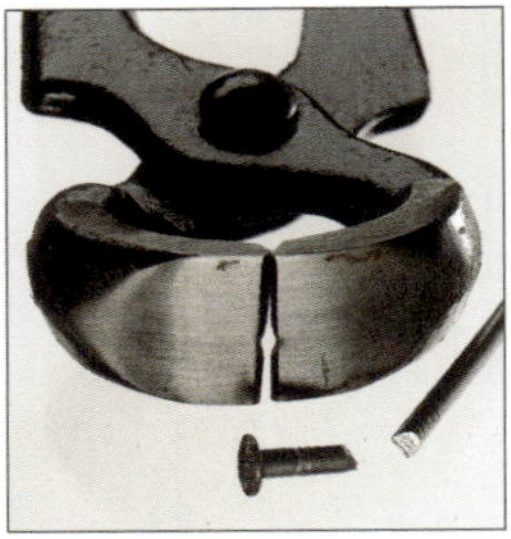

Nehmen Sie zum Kauf einer Zange mit Schneiden einen ungehärteten Nagel/Drahtstift mit und knipsen Sie mit der Zange ein Stück ab. Sollte bereits das weiche Metall Spuren in der Schneide hinterlassen, ist die Zange nicht geeignet.

Nur wenn die Schraubendreherklinge exakt zum Schraubenkopf passt, lassen sich auch festsitzende Schrauben herausdrehen.

hülse gesichert sein. Ist stattdessen das Auge mit Lack vergossen, soll damit häufig nur die unsolide Verarbeitung kaschiert werden.

ZANGE

Die klassische Kneifzange (Beißzange, Kantenzange) ist ein wirkungsvolles Instrument zum Herausziehen von Nägeln und Abknipsen weicher, ungehärteter Drahtstifte. Die Schneide sollte gehärtet sein, damit Drahtnägel keine Scharten hinterlassen.

SCHRAUBENDREHER

Schraubendreher, auch Schraubenzieher genannt, sind ebenfalls unverzichtbar. Für den allgemeinen Gebrauch genügen Schraubendreher mit Flachschlitzklinge in drei Größen sowie je zwei Kreuzschlitz-Schraubendreher mit Phillips- und Pozidriv-Klingen. Für spezielle Schrauben ist die Anschaffung weiterer Schraubendreher notwendig (→ Seite 37).

AKKUBOHRSCHRAUBER

Schnelles und kraftsparenden Ein- und Ausdrehen von Schrauben, dazu Bohren in Holz, Kunststoff und Blech: Die Anschaffung eines Akkubohrschraubers lohnt sich.

Beim Kauf gilt es, den richtigen Kompromiss zwischen Häufigkeit der Verwendung, Lebensdauer und Preis zu finden. Für nur gelegentliche Anwendungen lohnt sich die Anschaffung eines teuren Spitzenprodukts kaum: Akkus altern auch oder gerade dann, wenn sie nicht benutzt werden, sie verrichten ihren Dienst selten länger als drei bis fünf Jahre. Ihr Ersatz kostet fast genauso viel wie ein neues Gerät. Ein Muster an Nachhaltigkeit, sprich Lebensdauer und Ressourcenschonung, sind Akkugeräte deshalb nicht.

Entscheidend für die Gebrauchstauglichkeit ist auch die Zeit, die das Ladegerät benötigt, um den Akku wieder aufzuladen: Die Messlatte liegt derzeit bei 15 Minuten, eine Stunde oder mehr sollte man nicht mehr akzeptieren.

Nicht unwichtig für die Kaufentscheidung sind zudem vermeintliche Kleinigkeiten: Bei längeren Arbeiten in schwer zugänglichen Bereichen werden Gewicht, Schwerpunktlage und Abmessung des Schraubers plötzlich enorm wichtig. Andere Elemente dienen vor allem dem Heimwerkerkomfort. Ein mechanisches Zweiganggetriebe für mehr Kraft im ersten und mehr Geschwindigkeit im zweiten Gang gehört hier ebenso dazu wie ein Schnellspannbohrfutter mit und automatischer Spindelarretierung.

Akkubohrschrauber mit Mittelhandgriff sind gut ausbalanciert und liegen beim Arbeiten besser in der Hand.

AKKUS UND UMWELT

Nachdem die giftigen **Nickel-Cadmium-Akkus (NiCd)** seit 2010 nicht mehr im Handel erhältlich sind, bilden die ohnehin leistungsstärkeren **Nickel-Metallhydrid-Akkus (NiMH)**, derzeit das Rückgrat der akkubetriebenen Elektrowerkzeuge.

Relativ neu, doch deutlich auf dem Vormarsch, sind die **Lithium-Ionen-Akkus (Li-Ion)**. Sie haben eine noch höhere Energiedichte und keinen Memory-Effekt, der ihre Speicherfähigkeit nach und nach immer geringer werden ließe. Doch gelten sie bisher nicht als besonders langlebig und zudem als wärmeempfindlich, was eine Mikroprozessor gesteuerte Ladetechnik erfordert. Inwieweit sich Li-Ion-Akkus im rauen Betrieb von Elektrowerkzeugen bewähren, bleibt noch abzuwarten, letztendlich wird sich die neue Entwicklung aber ohne Zweifel durchsetzen. Derzeit kann man aber durchaus noch zu einem Markengerät mit NiMH-Akku greifen, auch preislich vielleicht eine günstige Entscheidung.

Nach wie vor gilt für alle Akkus und Batterien welcher Technologie auch immer: Sie gehören nicht in den Hausmüll, sondern in die **Recycling-Sammelboxen** an den Baumarktkassen beziehungsweise bei der örtlichen Müllentsorgung.

TIPP: IM TEST

Langen Laufzeiten ohne häufige Ladepausen messen wir in unseren Vergleichstests besondere Bedeutung bei. Aktuelle Testergebnisse zu Akkubohrern und Akkus finden Sie unter www.test.de.

HANDSÄGEN

Der Fuchsschwanz mit einer Blattlänge von 35 bis 70 Zentimeter ist die klassische Handsäge, für Reparaturarbeiten aber eher zu grob. Hierzu besser geeignet ist die kleinere Feinsäge mit fester Rückenschiene. Mit ihr lassen sich Ausschnitte anfertigen oder Holzleisten ablängen. Zum Sägen von Metallprofilen empfiehlt sich eine kleine Bügelsäge, auch PUK-Säge genannt.

Eine interessante Sägenvariante ist die japanische Zugsäge. Sie erfreut sich zunehmender Beliebtheit und wird, wie der Name vermuten lässt, gezogen statt gestoßen. Allerdings erfordert sie vom Anwender einige Umstellung und Übung. Die Sägeblätter sind dünner und schneiden deshalb gut, sie neigen dadurch aber zum Ausknicken. Einmal verbogen sind sie unbrauchbar.

STICHSÄGE

Mit ihrem sich auf und ab bewegenden Sägeblatt sägt die Stichsäge nicht nur alle Holzwerkstoffe (Spanplatten, MDF-Platten) und Kunststoffe, sondern auch Keramik und Metal-

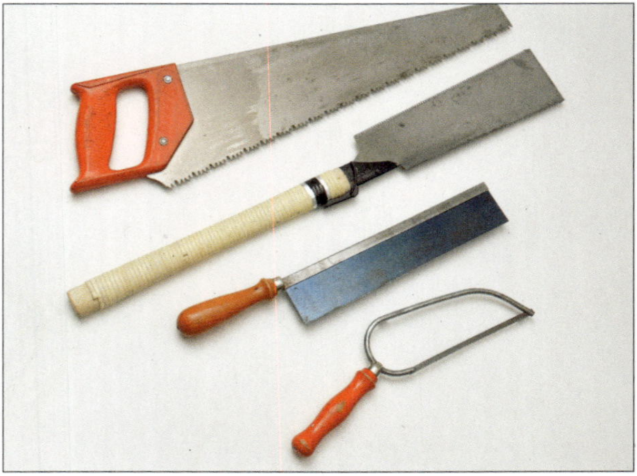

Von oben: Fuchsschwanz, japanische Zugsäge, Feinsäge und die kleine PUK-Säge.

Die Bügelgriff-Version der Stichsäge erlaubt einhändiges Arbeiten und ist bei Heimwerkern sehr beliebt.

Profis bevorzugen Stichsägen mit Knaufgriff. Er erlaubt eine präzisere Führung bei Kurvenschnitten.

le. Dabei kommt es allein auf die Wahl des richtigen Sägeblatts an. Diese gibt es nicht nur für verschiedene Werkstoffe, sondern auch in verschiedenen Längen, wodurch die maximale Schnitttiefe der Stichsäge bestimmt wird. Spezielle Sägeblätter für enge Kurvenschnitte sind besonders schmal, aber auch bruchempfindlicher. Es lohnt sich, die Anwendungshinweise der Sägeblattanbieter genau zu studieren.

Ein generelles Problem aller Stichsägen ist das seitliche Ausweichen des Sägeblatts aufgrund seiner Elastizität, was bei dickeren Materialien wie beispielsweise Küchenarbeitsplatten dazu führt, dass der Schnitt auf seiner Gesamtlänge nicht winkeltreu verläuft. Wenn es auf Genauigkeit ankommt, sind daher Probeschnitte mit verschiedenen Sägeblättern zu empfehlen. Dabei vereinfacht ein werkzeugloser Sägeblattwechsel die Bedienung erheblich. Schnelle Schnitte – allerdings mit weniger sauberen Schnittkanten – ermöglich die Pendelhubeinstellung. Das Sägeblatt wird dabei während der Aufwärtsbewegung zusätzlich nach vorn gedrückt. Ein Überhitzen des Sägeblatts ist aber in jedem Fall zu vermeiden.

HANDKREISSÄGE

Für lange gerade Schnitte eignen sich Stichsägen nur bedingt. Hierfür nimmt man besser eine Handkreissäge. Sie sägt Massivholz und Holzwerkstoffplatten. Wichtig ist eine solide Konstruktion der Grundplatte: Sie darf auch bei Schrägschnitten mit geringer Tiefe nicht nachgeben.

Für Zuschnitte von Profilbrettern und üblichen Plattenmaterialien genügt eine Handkreissäge mit cirka 55 Millimeter Schnitttiefe.

KAPP- UND GEHRUNGSSÄGE

Dieses Modell wird zum Ablängen von Leisten und Profilbrettern sowie zum Anfertigen präziser Gehrungsschnitte benutzt. Einfache Modelle gibt es ab 100 Euro, die Spitzenmodelle kosten mehr als 500 Euro. Die Anschaffung einer solchen Maschine lohnt sich also nur, wenn umfangreiche Arbeiten anstehen. Die meisten Winkelschnitte können auch mit einer Hand-Gehrungssäge ausgeführt werden.

Lange gerade Schnitte lassen sich am schnellsten und besten mit einer Handkreissäge durchführen.

Die Kapp- und Gehrungssäge erlaubt winkelgenaues Zuschneiden.

FEINSCHNITTSÄGE

Die elektrische Feinschnittsäge kann eingebaute Teile nahezu wandbündig schneiden. Mithilfe eines Sägetisches ermöglicht sie präzise Kapp- und Gehrungsschnitte. Sollen nur wenige Fußleisten abgelängt oder auf Gehrung angepasst werden, reicht aber oft eine Feinsäge mit Gehrungslade.

OSZILLATIONSWERKZEUG

Das Gerät kann mithilfe verschiedener Aufsätze sowohl schleifen, sägen als auch trennen. Allerdings hat die Maschine auch ihre Nachteile: Der Preis des Zubehörs übersteigt schnell den Wert des eigentlichen Geräts. Bei günstigeren Maschinen gestaltet sich dazu nicht nur der Werkzeugwechsel kompliziert, ihnen fehlt meist auch eine elektronische Drehzahlregulierung. Das führt unter Umständen zum Ablösen oder Reißen des Schleifpapiers.

Der sogenannte Multimaster überzeugte in unseren Tests aber durch seine positiven Gesamteigenschaften, wodurch

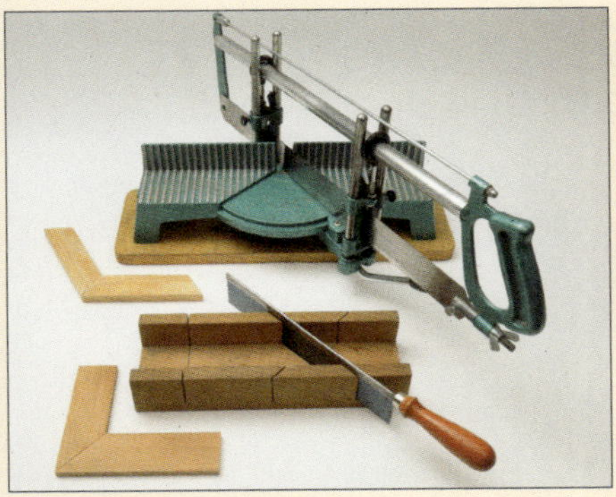

Viele Winkelschnitte lassen sich auch mit Feinsäge und Gehrungslade anfertigen, Die Feinschnittsäge gehört deshalb nicht zur Grundausstattung.

Hier dient das Oszillationswerkzeug dazu, eine Türzarge zu kürzen, damit Fertigparkett verlegt werden kann. Die exakte Höhe liefert ein Reststück.

bei seiner Anschaffung gleichzeitig das Geld für einen zusätzlichen Dreieckschleifer eingespart werden kann.

FEILEN UND RASPELN

Mit Feilen können nahezu alle Metalle, Holz und Kunststoffe zerspanend bearbeitet werden. Man unterscheidet sie nach der Form, dem Hieb (Zahnteilung) und dem Anwendungsgebiet. Je höher die Hieb-Zahl, desto feiner die Feile. Die Angabe findet man meist am Übergang der Feile zum Griff.

Die Anordnung der Zähne in Linien unterscheidet die Feile von der Raspel, bei welcher die Zähne punktförmig eingehauen werden. Sie ist nur für die Holzbearbeitung oder weiche Materialien geeignet, wenn viel Material abgetragen werden soll.

Eine interessante Alternative sind Surform-Werkzeuge – auch Kombi-, Standard- oder Blockhobel, Standardfeile, Rundfeile oder Schaber genannt. Sie arbeiten mit auswechselbaren gitterförmigen Blättern, die in entsprechende

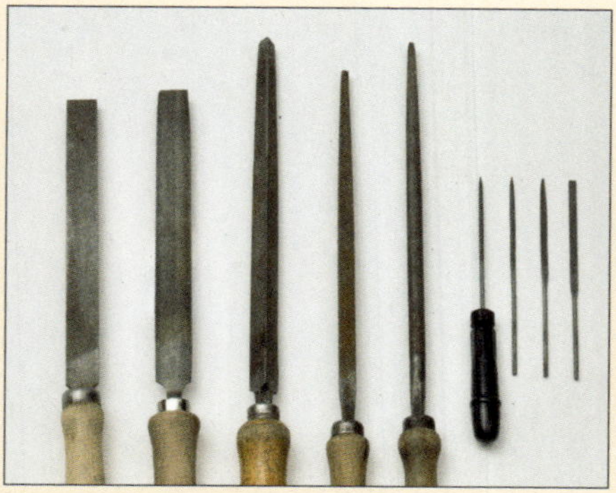

Eine Halbrund-, Flach- und Dreieckfeile sowie Rundfeilen. Die kleinen werden Schlüsselfeilen genannt (v. l.).

Surform-Werkzeuge verschiedener Anbieter mit Metall- oder Kunststoffgriffen.

Handhalter eingespannt werden. Man erzielt mit diesen Werkzeugen eine hohe Abtragsleistung bei gleichzeitig relativ glatter Oberfläche. Es gibt diese Werkzeuge mit flachen und gebogenen Klingenblättern. Handhalter aus Metall sind solchen aus Kunststoff vorzuziehen, da sie sich beim Arbeiten etwas weniger verziehen.

SCHLEIFMITTEL

Zum Anschleifen einer kleinen Oberfläche oder Brechen einer Kante genügen ein paar Blatt Schleifpapier oder Schleifleinen. Letzteres ist mechanisch stärker belastbar und lässt sich in Streifen reißen, was zum Schleifen von Rundungen vorteilhaft ist. Die Zahlen auf der Rückseite bezeichnen, wie fein oder grob die Schleifkörner sind: Für Holzarbeiten kommen Körnungen von 40 (gröber) bis zirka 180 (etwas feiner) zum Einsatz. Nassschleifpapiere mit feinerer Körnung werden zum Anschliff lackierter Oberflächen verwendet. Ein Schleifklotz aus Kork oder Hartgummi, auf den das Schleifpapier gespannt wird, erleichtert die Arbeit.

ELEKTRISCHE SCHLEIFWERKZEUGE

Dreieckschleifer sind die Spezialisten zum Schleifen von Ecken und Kanten. Für größere Flächen sind sie ungeeignet.

Der Exzenterschleifer, hat den Schwingschleifer weitgehend verdrängt, weil sich mit ihm sowohl höhere Abtragsleistungen als auch polierte Oberflächen erreichen lassen. Die Abtragsleistung beider Modelle ist gering.

Bandschleifer arbeiten mit einem umlaufenden Schleifband, also einer linearen Schleifbewegung, und bieten eine hohe Abtragsleistung. Das Arbeiten mit dem Bandschleifer erfordert etwas Übung, sollen keine Unebenheiten in die Oberfläche geschliffen werden. Eine Staubabsaugung und ein Bürstenschleifrahmen sollten dazugehören. Letzterer sorgt für eine gleichmäßige Auflage und verringert den Anpressdruck, wenn eine hohe Oberflächengüte erreicht werden soll.

Der Exzenterschleifer liefert eine hohe Abtragsleistung und gute Oberflächenqualität. Mit einem weichen Schleifteller (Zubehör) lassen sich auch gewölbte Oberflächen bearbeiten.

Auf den Kopf gestellt und am Tisch festgespannt lassen sich einige Fabrikate auch stationär zum Schleifen kleiner Werkstücke einsetzen.

STECHBEITEL

Mit dem rasiermesserscharf geschliffenen Stechbeitel oder Stecheisen werden Aussparungen in das Holz „gestochen", Zinken hergestellt oder dünne Späne abgenommen, um Holzteile passgenau in- beziehungsweise aneinander zu fügen. Es gibt sie in den verschiedensten Formen und Breiten, auch halbrund, als Hohlbeitel. Man schlägt den Stechbeitel mit einem Holzklüpfel, niemals mit einem Hammer aus Metall. Weiche Holzarten bearbeitet man mit kleineren Schneidenwinkeln, harte Hölzer mit größeren.

OBERFRÄSE

Die Oberfräse ist das Kreativwerkzeug unter den Elektrowerkzeugen. Mit ihr kann man Profile nacharbeiten, Holzverbindungen herstellen oder Aussparungen für Beschläge ausfräsen. Viele dieser Aufgaben lassen sich in Handarbeit nur mühevoll erledigen.

Wer sich intensiver mit Schreinerarbeiten beschäftigen will, kommt letztlich um die Anschaffung einer Oberfräse nicht herum. Es lohnt sich dann durchaus, sich gleich für eine leistungsfähige Maschine in der 1000-Watt-Klasse zu entscheiden. Diese hat nicht nur mehr Leistung, sondern bietet auch vielfältigere und präzisere Einstellmöglichkeiten.

PINSEL

Um Holz oder Möbelstücke mit Farbe, einer Lasur oder Beize zu überziehen, sollten verschiedene Pinsel im Haushalt vorhanden sein. Rundpinsel lassen sich vielseitig für unterschiedliche Lackierarbeiten einsetzen. Flachpinsel sind vor allem für größere Flächen gedacht. Hochwertige Pinsel werden aus Chinaborsten angefertigt, die in eine Metall-

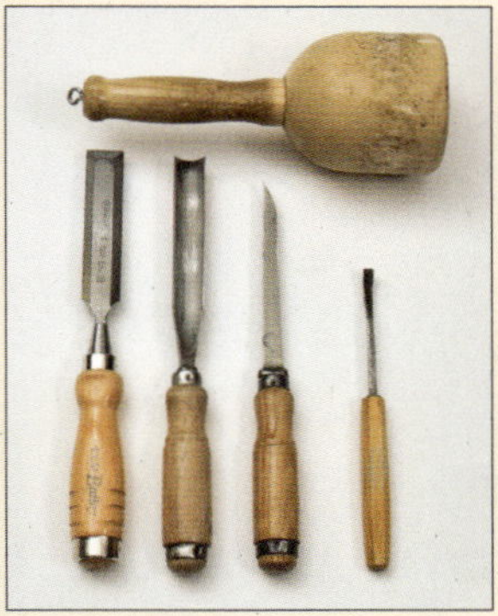

Stechbeitel verschiedener Breiten, Hohlbeitel, Geißfuß; dazu (oben) ein Klüpfel.

Eine Oberfräse rundet Kanten ab, fräst Nuten und Aussparungen für Holzverbindungen.

Winkel-, Rund-, und Flachpinsel. Beim Auftragen einer Beize ist auf die Kunststoffzwinge zu achten.

zwinge eingespannt sind. Vorsicht: Die Farbe einer Beize wird bei Metallkontakt verfälscht, für diese Arbeiten muss daher unbedingt ein Flachpinsel mit Kunststoffzwinge verwendet werden. Da auch gute Pinsel beim ersten Einsatz Haare verlieren können, streichen Sie sie vor dem Gebrauch mit etwas Wasser aus.

SPANNVORRICHTUNGEN

Werkstücke sollten fest am Arbeitstisch, einem Bock oder einer Vorrichtung fixiert sein, damit sie bei der Bearbeitung nicht wegrutschen oder gar außer Kontrolle geraten können.

Die klassische Schraubzwinge, lieferbar in allen Größen, leistet nicht nur dafür gute Dienste, sondern auch, wenn Druck ausgeübt werden muss, um zwei Holzteile zusammenzuleimen. Für besonders Eilige gibt es die Schnellspannzwinge, die auf Hebeldruck gespannt wird, doch sie hält oft nicht, was sie verspricht. Bei billigen Zwingen gehen die Schutzkappen aus Plastik verloren, oder sie reißen

Zwingen, Schraubklemmen und Klammern sollten paarweise beschafft werden.

gar, weshalb man besser ein paar kleine Stückchen Hartfaser zum Zwischenlegen im Werkzeugkasten haben sollte. Es gibt auch Zwingen zum Spreizen oder um die Ecken von Rahmen zu fixieren.

Ein Maschinenschraubstock hält beim Bohren auch kleine Teile fest und ersetzt den üblichen Parallelschraubstock, wenn keine dauerhafte Werkbank zur Verfügung steht.

MESSWERKZEUGE

Bei Strecken über zwei Meter ist ein Bandmaß praktischer als der klassische Zollstock. Es sollte sich ausgezogen feststellen lassen.

Eine Wasserwaage sollte aus Teakholz oder Leichtmetall bestehen. Ein Metermaß auf dem Körper ermöglicht eine gleichzeitige Längenmessung.

TACKER

Tacker sind Heftgeräte, mit denen man beispielsweise textile Bespannungen oder Dämmstoffe, aber auch Kabel und Holzpaneele an einem Trägermaterial befestigen kann. Sie verarbeiten stabilere Drahtklammern, auch Drahtstifte, aus einem Magazin. Achten Sie beim Kauf der Klammern darauf, ob sie in Ihr Gerät passen. Die meisten Geräte können nicht alle Arten und Größen verwenden.

Handbetriebene Tacker, die Klammern bis etwa 14 Millimeter Länge verarbeiten, eignen sich vor allem für Dekorationsarbeiten. Dabei muss für jede Auslösung die eingestellte Federspannung überwunden werden, was für die Hand recht anstrengend werden kann. Wer viel damit arbeitet, dem ist deshalb ein elektrisches Gerät zu empfehlen.

Elektrotacker verarbeiten auch längere Klammern, mit denen zum Beispiel Wand- und Deckenverkleidungen, Profilbretter oder Paneele angebracht werden können. Es gibt sie mit Netz- oder Akkubetrieb. Die Schlagkraft kann verstellt und damit an das Material und die Klammerhöhe angepasst werden.

DARAUF SOLLTEN SIE BEIM KAUF VON ELEKTROWERKZEUGEN ACHTEN:

Mit Billigprodukten tun Sie weder sich noch Ihrem Werkstück einen Gefallen. Selbst für Einsteiger lohnt sich daher die Anschaffung eines Markenprodukts. Wer Langlebigkeit erwartet oder mehr Leistung braucht, sollte gleich zu den höherwertigen Modellen oder gar zu Profimaschinen greifen. Oft werden Elektrowerkzeuge mit Preisvorteil als Set mit passendem Zubehör im Koffer verkauft. Qualitätswerkzeuge gibt es im Fachhandel, aber auch in vielen Baumärkten.

BOHREN

Beim Bohren ist zu beachten, dass kleine Bohrdurchmesser immer eine höhere Drehzahl, große Durchmesser eine geringere Drehzahl erfordern. Zum Bohren in Holz benötigt man keine Bohrmaschine mit Schlag, eine Handbohrmaschine oder ein Akkubohrschrauber genügen.

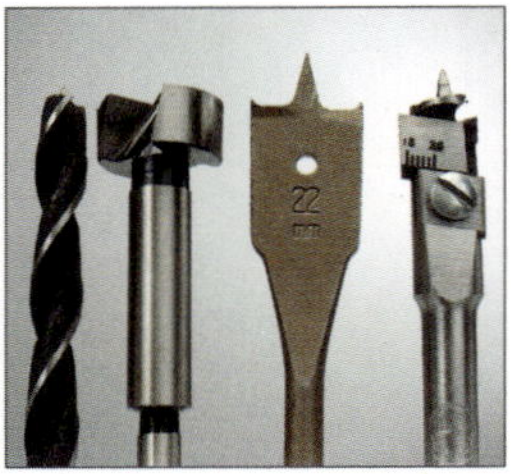

Von links: Holzspiral-, Forstner-, Flachfräsbohrer und verstellbarer Holzzentrumsbohrer.

BOHREN IN HOLZ UND HOLZWERKSTOFFEN

Holzspiralbohrer für kleinere Durchmesser haben eine lange Zentrierspitze und zwei Vorschneider außen. Diese ritzen die Holzfasern an, bevor sie von den innenliegenden Spanhebern herausgeschnitten werden.

Für größere Bohrdurchmesser (10 bis 50 Millimeter) werden meistens Forstnerbohrer, Kunstbohrer oder Beschlaglochbohrer eingesetzt. Ihr zylindrischer Schneidkopf ist ebenfalls mit einer Führungsspitze und zwei Messern als Spanabheber ausgestattet. Forstnerbohrer haben zwei fast halbkreisgroße Umfangschneiden. Mit ihnen lassen sich auch Bohrungen erstellen, die seitlich offen sind. Kunstbohrer haben außen nur zwei Vorschneider aus Hartmetall. Sie ritzen den Kreis nicht so präzise wie die Umfangschneiden des Forstnerbohrers, halten aber in Holzwerkstoffen, wie zum Beispiel beschichteten Spanplatten und Hartholz, viel länger. Bei billigeren Beschlaglochbohrern fehlt die Umfangschneide ganz. Der Rand reißt deshalb leichter aus. Dieser Schaden wird jedoch in der Regel vom Beschlag abgedeckt.

Manchmal findet man im Handel auch die billigen Flachfräsbohrer. Mit ihnen lassen sich aber kaum präzise Bohrungen erstellen, sie lohnen die Anschaffung daher kaum. Ähnliches gilt für verstellbare Holzzentrumsbohrer. Sie können am ehesten im Bohrständer eingesetzt werden. Für tiefe Bohrungen in Holz gibt es noch Schlangen- oder Balkenbohrer.

SCHRAUBEN, NAGELN, TACKERN

SCHRAUBEN

Die klassischen Holzschrauben mit spitzem Gewinde werden heute weitgehend von Spanplattenschrauben, auch als Spax-Schrauben bezeichnet, ersetzt. Sie haben ein stärker ausgeprägtes Gewinde und einen schlankeren Kern, so dass das Vorbohren, wie dies bei Holzschrauben notwendig ist, entfallen kann: Das Gegengewinde wird beim Einschrauben selbst geschnitten. Die meist gelb verzinkten Spanplattenschrauben haben das Zeug zur Universalschraube, denn sie eignen sich auch für Weich- und Hartholz, Kunststoffe und selbst für dünne Bleche. Unterschieden werden Holzschrauben neben Länge und Durchmesser zusätzlich nach ihrer Kopfform und der Art ihres Antriebs.

Kopfformen: Bei Arbeiten mit Holz und Holzwerkstoffen kommen vor allem Schrauben zum Einsatz, die sich bündig in der Oberfläche des Werkstücks versenken lassen (Senkkopf). Deshalb beziehen sich die Längenangaben bei

SCHRAUBEN IN HIRNHOLZ

Sollen Schrauben in Hirnholz (in Faserrichtung) eingeschraubt werden, halten sie sicherer, wenn sie in einen quer zur Faserrichtung eingeleimten Holzdübel geschraubt werden.

Hierzu wird ein Holzdübel oder ein Stück einer Dübelstange in die Leiste eingeleimt und bündig abgesägt.

Anschließend müssen die Holzschrauben bis in das Dübelholz hineingedreht werden.

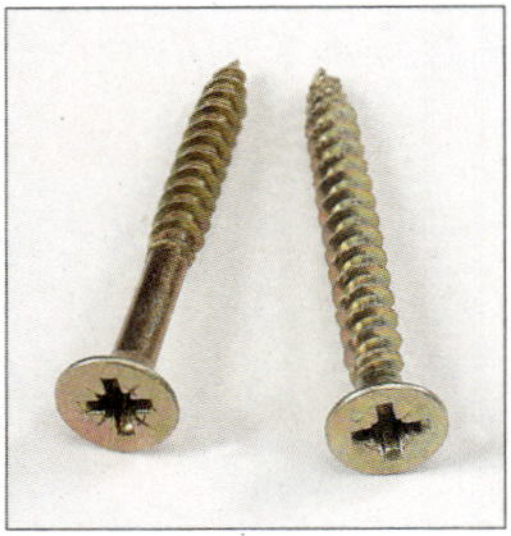

Spanplattenschrauben mit durchgehendem und Teilgewinde. Schrauben mit Teilgewinde benutzt man zum Befestigen von Leisten.

Senkschrauben auf deren Gesamtlänge mit Kopf – im Gegensatz zu Schrauben, deren Köpfe über die Oberfläche heraus stehen.

Antriebe: Die häufigsten Antriebe bei Holzschrauben sind der klassische Flachschlitz sowie die Pozidriv-Kreuzschlitzvariante. Sie hat steilere Flanken und zusätzliche Einkerbungen, die das Herausrutschen des Schraubendrehers oder Schrauberbits verhindern sollen. Pozidriv-Schrauben sind an den zusätzlichen feinen Schlitzen leicht zu erkennen. Auch der Pozidriv-Schraubendreher ist an den zusätzlichen Flanken erkennbar. Dies ist wichtig für den Anwender, denn mit dem falschen Schraubendreher lassen sich festsitzende Schrauben nicht lösen, sondern nur ruinieren. Der Schraubendreher muss aber nicht nur in der Form, sondern auch in der Größe passen.

Jeder Käufer von Selbstmontage-Möbeln kennt Schrauben mit Innensechskant, die sogenannten Inbusschrauben. Immer häufiger findet man auch Torx-Schrauben in den Baumarktregalen. Sie haben einen sechseckigen Stern mit runden Ecken als Antrieb. Dieser Antrieb hat gegenüber dem Kreuzschlitz- oder gar dem Flachschlitzantrieb den Vorteil, dass hohe Drehmomente übertragen werden können und die Gefahr des Abrutschens geringer ist.

TIPP: ZU FESTE SCHRAUBEN?

Fehlt die Kraft, um eine Schraube zu lösen, kann bei manchen Schraubendrehern ein Schraubenschlüssel auf einen Sechskant unter dem Griff gesetzt werden. Mit ihm lässt sich ein deutlich größeres Drehmoment erzeugen. Andere Schraubendreher haben ein Loch im Griff: Hier kann ein weiterer Schraubendreher durchgesteckt werden, der einen entsprechenden Hebelarm bietet.

SCHRAUBERBITS

Zum Schrauben mit dem Akkuschrauber benötigt man Schrauberklingen, kurz Bits genannt. Wie die Spitzen der Schraubendreher müssen auch die Antriebe der Klingen zu den Schrauben passen. Sie sollten deshalb entsprechend gekennzeichnet sein (zum Beispiel PH2 für einen Bit mit Phillips-Kreuzschlitz in der Größe 2 oder PZ3 für Pozidriv 3). Bei minderwertigen Produkten ist das oft nicht der Fall. Zerstörte Schraubenköpfe oder schnell abgedrehte Bitspitzen sind dann oft die Folge. Bei teureren Bits sollen zusätzliche Beschichtungen das Herausrutschen oder Durchdrehen verhindern, in unserem Test schnitten viele unbeschichtete Stahl-Bits aber sogar etwas besser ab (test 02/2007).

Einige Schraubenhersteller liefern den passenden Bit zu ihren Schrauben übrigens gleich mit.

BITGRÖSSEN FÜR HOLZ- UND BLECHSCHRAUBEN

Bitgröße	Schraubendurchmesser	
	Holz (mm)	Blech (mm)
0	2,0	2,2
1	2,5–3	2,9
2	3,5–5	3,5–4,8
3	5,5–7	5,5–6,3
4	–	8,0–9,5

NAGELN

Wählen sie Größe und Art des Nagels passend zum Material und dem zu befestigenden Gegenstand. Mit dem Spitzen Ende des Hammerkopfs (Finne) wird der Nagel positioniert, eingeschlagen mit der leicht balligen Hammerbahn.

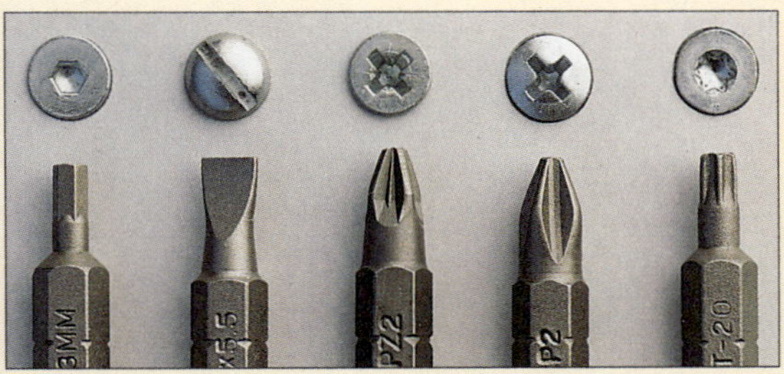

Die Antriebe (v. l.): Inbus, Flachschlitz, Pozidriv-Kreuzschlitz, Phillips-Kreuzschlitz und Torx.

Zwei in eins: Lange Doppelbits sind praktisch.

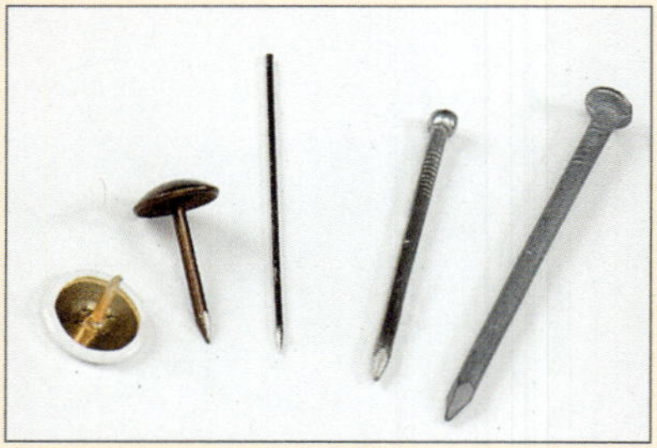

Kleine Nagelauswahl (v. l.): Reißbrettstift, Polsternagel, Goldleistenstift ohne Kopf (unsichtbare Befestigungen), Drahtstift gestaucht, Drahtstift mit Senkkopf.

Damit Holz nicht splittert, staucht man die Nagelspitze vor dem Eintreiben mit einem Hammerschlag.

Damit das Holz nicht reißt, schlagen Sie Nägel immer etwas versetzt ein. Direkt nebeneinander eingeschlagene Nägel könnten in diesem Beispiel die untere Leiste spalten.

Holzverbindungen halten besser, wenn Sie die Nägel schräg eintreiben.

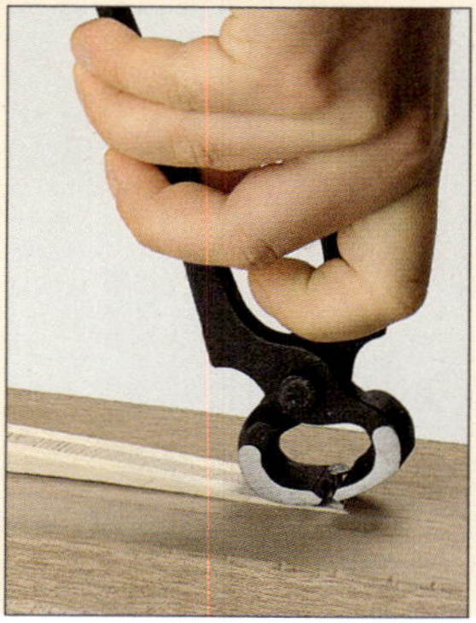

Mit einer Kneif-/Beißzange können Sie einen Nagel wieder herausziehen. Ein dünnes Holzstück als Unterlage verhindert dabei Abdrücke auf empfindlichen Oberflächen.

Die glatten Nägel mit geriffeltem oder glatten Kopf werden Drahtstifte genannt. Drahtstifte mit gestauchtem Kopf oder Leistenstifte lassen sich auch versenken (Senkstift) und überspachteln. Fast unsichtbar sind dünne Colornägel in der Farbe des Werkstücks. Zum Annageln von Pappe oder Folien verwendet man Nägel mit besonders großen Köpfen, für die Befestigung von Bezugsstoffen gibt es Polsternägel. Schraubnägel mit einem leichten Gewinde eignen sich besonders zum Verlegen von Dielen, Fußbodenplatten und Treppenstufen. Das Gewinde sorgt für einen hohen Auszugswiderstand und beugt dem Knarren vor.

Leim kann für die zusätzliche Festigkeit einer genagelten Verbindung sorgen. Mit Nägeln kann man auch Werkstücke beim Verleimen fixieren, um ein „Schwimmen" zu verhindern. Kurze Nägel mit abgekniffenem Kopf eignen sich sogar zum unsichtbaren Fixieren von Teilen für die Leimverbindung.

TACKERN

Tackern geht schneller als Nageln, wenn Wand- oder Deckenbekleidungen auf weichem Untergrund, zum Beispiel Holz, angebracht werden.

Als Befestigungsmittel dienen Klammern, die den Heftklammern im Büro ähneln, aber auch kleine Stifte. Die Unterschiede der Klammern sind teilweise gerätebedingt, aber auch anwendungsbezogen: Die schmaleren Feindrahtklammern werden etwa zum Befestigen von Holzleisten, Textilien, Geflechten oder Draht verwendet, die breiteren Flachdrahtklammern für rissempfindliche Materialien wie Folien, Papier und Pappe. Setzen Sie beim Spannen von Stoffen und Folien die Klammern in kurzen Abständen im Zickzack oder schräg nebeneinander, so erhält der Stoff eine gleichmäßige Spannung.

Schwere Materialien wie Profilbretter und Paneele werden auch oft mit speziellen Paneelkrallen verlegt, die auf eine Unterkonstruktion getackert werden. Dieses Verfahren ist einfacher und sicherer, als die Klammern zielgenau durch die Unterkante an der Nut zu schießen.

Bei Deckenbekleidungen mit Profilen oder Paneelen sollten Klammern mit mindestens 23 Millimeter Länge zum Einsatz kommen. Allerdings können nicht alle Tacker solch lange Klammern verarbeiten. Beachten Sie daher die Verlegehinweise der jeweiligen Geräte- und Materialhersteller.

Bei den meisten Geräten kann die Schlagkraft reguliert werden, damit bei weichen Materialien die Klammer nicht zu tief eindringt. Bei längeren Heftmitteln oder hartem Untergrund kann es passieren, dass die Kraft des Tackers (→ Seite 33) nicht ausreicht, um die Klammer bündig einzutreiben. Manche Geräte haben deshalb eine Nachschlagfunktion, mit der man die Klammer vollständig eintreiben kann, ohne dass weitere Klammern aus dem Magazin nachgeschoben werden.

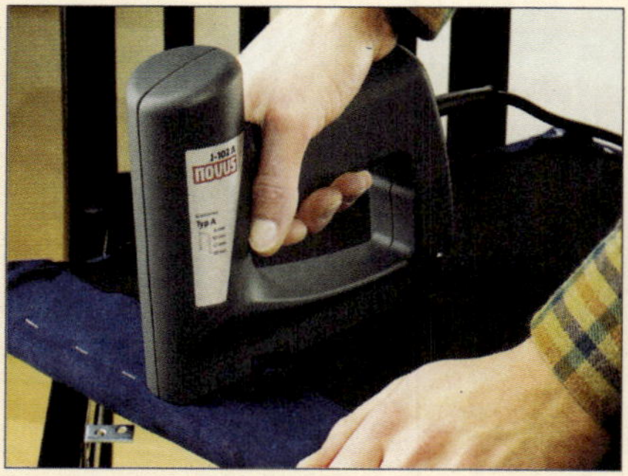

Ein Elektro- oder Drucklufttacker verarbeitet längere Klammern und hat mehr Bedienkomfort.
Setzt man mehrere Klammern mit geringem Abstand nebeneinander ...

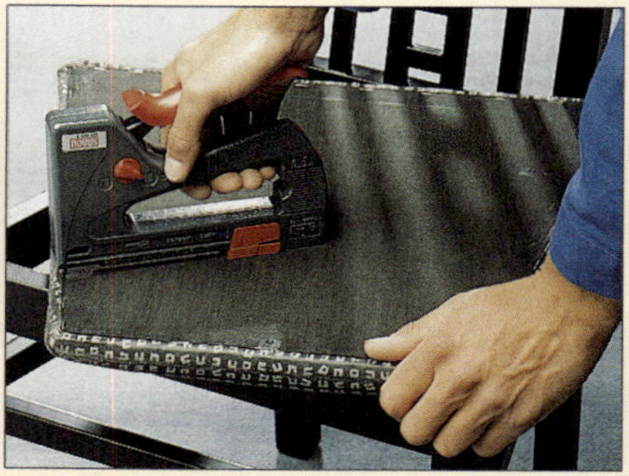

... erhält der Bezug eines Stuhles eine gleichmäßige Spannung.
Für diese Tätigkeit reicht ein mechanischer Handtacker aus. Elektrotacker ermüden die Hand allerdings weniger.

KLEBEN

Damit Klebstoffe die unterschiedlichsten Materialien und Geometrien fest und dauerhaft miteinander verbinden, ist die Wahl des Klebeverfahrens wichtig.

Für eine haltbare Verbindung müssen bestimmte Voraussetzungen erfüllt sein: Die Verarbeitungstemperatur des Klebstoffs darf nicht zu niedrig sein, außerdem müssen die Fügeteile trocken, fett- und staubfrei sein. Kleine Klebeflächen sind weniger haltbar; eine Vergrößerung kann zum Beispiel durch Anschrägen der Verbindungsflächen erfolgen.

VERARBEITUNG

Üblicherweise wird der Klebstoff gleichmäßig und dünn aufgetragen, und es müssen die vorgeschriebenen Anweisungen zu den Zeiten beim Zusammenfügen der Bauteile, dem Druck (ggf. Pressdruck, hier eignen sich Schraubzwingen) und dem Aushärten der Klebschicht eingehalten werden.

HOLZLEIM

Die Anfangsfestigkeit der klassischen Holzklebstoffe ist gering. Deshalb müssen die Holzteile mit Fixierhilfen unter hohem Druck zusammengepresst werden, bis das Wasser vom Holz absorbiert wurde und der eigentliche Kleber getrocknet ist. Dabei wird er auch in die Holzporen gedrückt, sodass die Haftfläche die sichtbare Oberfläche um ein Mehrfaches übersteigt. Die Klebfestigkeit erhöht sich deutlich. Beim Pressen aus der Fuge herausquellender Leim sollte sofort mit einem feuchten Tuch abgewischt werden.

Die erforderliche Presszeit beträgt mindestens 30 Minuten, die Endfestigkeit wird oft erst nach Tagen erreicht. Es gibt Holzleime auch als Expressleim mit verringerter Trocknungszeit und als wasserfeste Leime.

KLEBFESTIGKEIT

Die Festigkeit einer Klebung wird durch Adhäsion (Haftung zwischen Klebstoff und den Oberflächen) und Kohäsion (innere Bindefestigkeit der Klebstoffs) bestimmt.

Gute **Adhäsion** setzt eine optimale Klebstoffbenetzung der Oberflächen voraus. Sehr glatte Flächen oder Verunreinigungen (Staub, Fett) reduzieren sie.

Die **Kohäsion** wird durch gleichmäßige, dünne Klebschichten begünstigt. Ein hoher Anpressdruck erhöht die Festigkeit der Klebeverbindung. Er muss solange anliegen, bis eine Mindestfestigkeit erreicht ist.

Bis zum Erreichen der Endfestigkeit benötigt ein Klebstoff eine definierte **Abbindezeit**.

> **TIPP: VORSICHT!**
>
> Selbst kleine Mengen Sekundenkleber können zum Beispiel Finger so fest miteinander verkleben, dass nur ein Arzt helfen kann.

> **TIPP: GIFTIGE DÄMPFE**
>
> Vermeiden Sie stark lösungsmittelhaltigen Kleber. Organische Lösungsmittel sind gesundheitsschädlich: Ihre Dämpfe können das Wohlbefinden beeinträchtigen, allergische Reaktionen oder gar Migräneanfälle auslösen.

WEITERE KLEBSTOFFE

- Alleskleber: Sogenannte Alleskleber können zwar viele, aber längst nicht alle Materialien miteinander verkleben. Geeignet sind sie für Pappe, Papier, Leder, Holz, Hart-PVC und Plexiglas. Man streicht eine der Klebeflächen dünn mit Klebstoff ein, drückt die zu verbindenden Teile sofort zusammen und fixiert sie. Nach etwa zehn Minuten ist die Verbindung belastbar, die Endfestigkeit ist nach etwa fünf Tagen erreicht.
- Kontaktkleber: Diese Lösungsmittelklebstoffe sind neben Holz auch für Metall, Leder, Kunststoffe, Gummi und Schaumstoffe geeignet. Sie werden auf beide zu verklebenden Teile aufgetragen. Erst nach 5 bis 15 Minuten – wenn das Lösungsmittel verdunstet ist – werden die Teile zusammengefügt. Für die Festigkeit ist hier die Höhe des Pressdrucks entscheidend! Die Verklebung ist danach fast sofort belastbar und bleibt dauerhaft elastisch. Sie eignet sich daher zum Beispiel auch zum Kleben von Schuhsohlen.
- Sekundenkleber: Er reagiert mit Luftfeuchtigkeit, härtet schnell aus und eignet sich besonders für die Befestigung kleiner Bauteile, die nicht fixiert werden müssen.
- Schmelzklebstoffe: Diese lösungsmittelfreien, thermoplastischen Kunststoffe verflüssigen sich durch Erhitzen und werden dann aufgetragen. Nach dem Abkühlen bilden sie eine feste Klebschicht, die Endfestigkeit ist sofort erreicht. Für größere Klebeflächen ist das Verfahren ungeeignet, weil der Kleber zu schnell erkaltet. Im Haushalt gebräuchlich sind Heißklebepistolen mit Klebesticks oder die mit dem Bügeleisen zu verarbeitenden Umleimer für Spanplatten. Die Verbindungen lassen sich durch Erhitzen wieder lösen.
- Spezialkleber: Geeignet zum Verkleben von Parkett, Bodenbelägen, Dämmmatten, Textilien u.v.m. Da sie speziell auf einen Anwendungszweck abgestimmt sind, sind sie im Individualfall vorzuziehen.

1 Nicht nur für Stabilität: Die Dübel sind gleichzeitig Fixierhilfe gegen das Verschieben der Teile gegeneinander.

2 Drücken Sie in alle Dübellöcher ein paar Tropfen Holzleim.

3 Auch die zu verbindende Fläche wird mit Leim bestrichen.

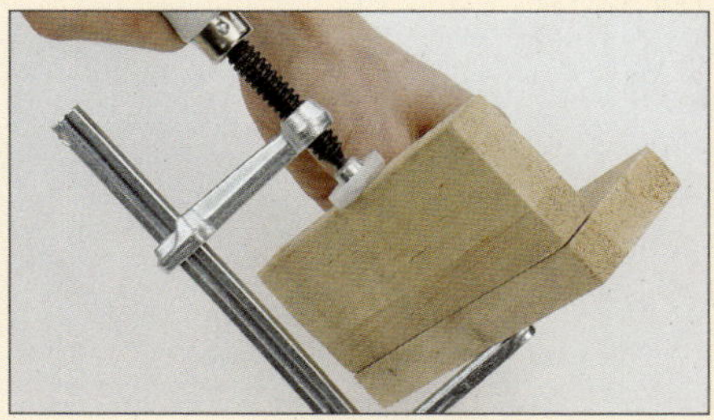

4 Mindestens 30 Minuten fest zusammenpressen. Die Endfestigkeit wird aber erst nach vielen Stunden erreicht.

SÄGEN

Handsägen und Stichsägen schneiden mit einer Hubbewegung, Kreissägen hingegen mit einem rotierenden Sägeblatt. Ketten- und Bandsägen nutzen eine endlos umlaufende Sägekette beziehungsweise ein Sägeband. Alle Sägeblätter stumpfen nach einigem Gebrauch ab und müssen neu geschärft werden.

Für schräge Schnitte lässt sich die Handkreissäge auf der Grundplatte schwenken. Der Parallelanschlag erlaubt hier eine exakte Führung.

Sorgen Sie beim Sägen unbedingt für eine **sichere Fixierung** des Werkstücks. Am besten spannen Sie es mit Schraubzwingen auf einer Werkbank fest. Kleine Werkstücke lassen sich oft leichter auf einer Tischkreissäge oder mit einer in einen Sägetisch eingespannten Stichsäge bearbeiten.

Bedingt durch das **Sägeprinzip einer Stichsäge** (sie schneidet von unten nach oben) besteht die Gefahr, dass die obere Kante unschön ausreißt. Sägen Sie deshalb, wenn möglich, von der später nicht sichtbaren Seite. Andernfalls kann ein **Spanreißschutz** verwendet werden oder ein Spezialsägeblatt mit „verkehrter Zahnung“: Dadurch schneidet die Maschine von oben nach unten. Sie müssen die Stichsäge dabei gut andrücken, weil sie sonst hüpft.

Als **Faustregel für Massivholz** gilt: Schnitte längs der Faser fertigt man am besten mit einem Sägeblatt mit grober Zahnung an. Für Querschnitte sind Sägeblätter mit feiner Zahnung zu empfehlen.

Das A und O einer guten Schnittqualität ist immer die **Wahl des richtigen Sägeblatts**. Für fast jeden Einsatzbe-

Auf der Führungsschiene gelingen gerade Schnitte mit einer Stichsäge leichter.

Ein Sägetisch erleichtert das Bearbeiten kleiner Werkstücke, aber auch das Schneiden von Rundungen und Figuren.

reich werden Spezialblätter angeboten, und erfahrungsgemäß sollte man den Empfehlungen der Sägeblatthersteller durchaus folgen. Je mehr Zähne ein Sägeblatt hat, desto besser wird die Schnittqualität. Ein brauchbarer Preis-Leistungs-Kompromiss sind Sägeblätter mit 24 bis 36 Zähnen.

WERKZEUGPFLEGE

Damit die Schneiden Ihrer Werkzeuge weder abstumpfen noch sich gegenseitig beschädigen, sollten Sie sie mit Schienen oder Hüllen schützen oder so aufbewahren, dass sie zwar geordnet und griffbereit, aber voneinander getrennt lagern.

Werkzeuge, die mit Holz in Berührung kommen, sollten Sie nur ganz leicht mit einem öligen Lappen abreiben: Die Ölreste auf dem Werkzeug könnten Spuren auf dem Holz hinterlassen. Bei gezogenem Stecker können Harzrückstände an Sägeblättern mit etwas Spiritus entfernt werden.

Schützende Hüllen können Sie beispielsweise aus Papierklemmleisten oder Installationsrohr zuschneiden.

Achten Sie auf wackelige oder gerissene Werkzeuggriffe – beim Abrutschen besteht Verletzungsgefahr. Lose Hammer- und Axtstiele sollten Sie sofort wieder sichern, am besten mit einer Keilhülse. Lockere Handgriffe von Feilen oder Stechbeiteln/Stemmeisen sollten Sie gegebenenfalls austauschen.

Elektrowerkzeuge mit beschädigtem Gehäuse oder defektem Kabel sollen auf keinen Fall benutzt werden, da ein elektrischer Schlag tödlich sein kann.

WERKZEUGE SCHÄRFEN

Das Schärfen der Bohrer, Stechbeitel oder Hobelmesser ist zwar eine relativ komplizierte und zeitraubende Beschäftigung, aber ein wegen stumpfer Werkzeuge „vermurkstes" Werkstück ist noch viel unangenehmer.

An der Gerätefront dieses Nassschleifgeräts ist der abnehmbare Winkelmesser zu sehen. Zu Beginn der Schleifarbeit wird mit ihm die Neigung der Schneide zum Schleifstein ausgerichtet.

Für einen gleichmäßigen Schliff wird das Hobeleisen mitsamt der Halterung seitlich hin- und herbewegt. Zuvor wurde sein Schneidenwinkel auf 25 Grad festgelegt.

Wem die Beschäftigung mit Schneidenwinkeln, Fasen und Mikrofasen von vornherein zu kompliziert erscheint, der sollte seine Werkzeuge zum Nachschleifen regelmäßig in die Hände eines qualifizierten Fachmanns geben.

VORBEREITUNG

Die Schneiden von Holzbearbeitungswerkzeugen werden nur einseitig geschliffen. Diese geschliffene Fläche nennt man Fase. Ihr gegenüber liegt die plane, unbearbeitete Spiegelseite. Der von beiden Flächen gebildete Winkel bildet die Schneide und wird Schneidenwinkel, auch Keilwinkel oder Fasenwinkel, genannt. Ein Stechbeitel oder Hobeleisen darf nie von der Spiegelseite her geschliffen werden, dennoch sollte diese regelmäßig flach abgezogen werden, um die beim Arbeiten entstandenen Riefen und Kratzer zu entfernen.

Wenn der Stechbeitel/das Stemmeisen solche Scharten hat, muss er mit einem Schruppstein unter Beibehaltung der Schneidengeometrie zurückgeschliffen werden.

MOTORBETRIEBENE SCHLEIFGERÄTE

Für den privaten Gebrauch sind die klassischen motorbetriebenen Modelle nur sehr bedingt zu empfehlen. Um einer Überhitzung des Werkzeugs vorzubeugen – die Schneide läuft blau an und verliert ihre Härte – sollte höchstens eine Nassschleifmaschine verwendet werden, deren Schleifstein mit niedriger Drehzahl in einem kühlenden Wasserbad läuft. Für ein Nassschleifgerät, bei dem man den richtigen Schneidenwinkel nicht nur „nach Gefühl" findet, können Sie aber mit ein paar hundert Euro rechnen.

SCHÄRFSTEINE

Um einen optimalen Schliff zu erreichen, benötigt man verschiedene Arten von Steinen und etwas Übung. Die Steine werden niemals trocken benutzt, sondern entweder mit Wasser getränkt oder mit einem Schärföl benetzt. Ölflecken auf der Kleidung, der Werkbank oder gar dem Werkstück sind kaum wieder zu beseitigen, Hautkontakt mit Mineralölen sollte man ohnehin vermeiden. Ein einmal mit Öl ver-

Auf einen Blick (v. l.): Formstein zum Schleifen von Hohlbeiteln, Schärfführung , Schleifsteinhalter für einen besseren Stand, selbstgefertigter Holzkeil für Winkeltreue. Oben rechts ein Wasserstein in einer Schale, daneben Siliziumkarbidpulver und Abrichtstein. Ein nasser Lappen verhindert das Wegrutschen.

wendeter Stein wäre für die weitere Verwendung mit Wasser untauglich. Da man bei Wassersteinen keine Nachteile in Kauf nehmen muss, kann diesen der Vorzug gegeben werden. Sie werden vor Gebrauch eine halbe Stunde lang gewässert. Bei häufigem Gebrauch können sie auch für längere Zeit im Wasserbad lagern.

Ein sogenannter Schruppstein mit der Körnung 120 bis 400 dient zum vergleichsweise gröberen Abtragen von Material. Mit dem Schärfstein (Körnung 700 bis 1 200) schleift man die Schneide glatt und erzeugt die Mikrofase. Der Stein sollte breiter sein als die breiteste Klinge, die damit geschärft werden soll, und für einigermaßen weiträumige Schleifbewegungen eine Länge von etwa 16 Zentimetern haben. Bessere Fabrikate liefern einen passenden Halter aus Kunststoff mit, der für einen sicheren und etwas erhöhten Stand auf der Werkbank sorgt. Man kann sich einen solchen Halter auch aus ein paar Holzresten selbst zimmern. Mit dem Abziehstein und seiner Körnung von 3 000 bis 6 000 wird der Schleifgrat entfernt.

Für die Praxis genügt meistens ein zweifarbiger Kombistein, der auf der roten Seite als Schleifstein und auf der grauen Seite als Abziehstein dient. Wer seine Werkzeuge pfleglich behandelt und deshalb nur selten Schneidenausbrüche ausschleifen muss, der kann sich die Anschaffung eines Schruppsteins sparen und statt dessen ein Stück Nassschleifpapier, Korn 80 bis 100 verwenden, welches nass auf eine Glasplatte aufgelegt wird, damit es sich daran festsaugt.

SCHLEIFTECHNIK

Normalerweise wird man beim Nachschärfen den vorgegeben Fasenwinkel beibehalten, der bei Holzwerkzeugen zwischen 25 und 35 Grad liegt. Vor der Schleifbewegung führt man das Werkzeug mit beiden Händen und leichtem Druck über den Schärfstein kippelt es dabei ein bisschen, bis man den Winkel gefunden hat. Dann beginnt man mit der Schleifbewegung und versucht dabei, den gefundenen Winkel unverändert zu lassen. Hält man zu steil, so kann es passieren, dass die Schneide bei der Vorwärtsbewegung in den relativ weichen Stein eindringt, hält man hingegen zu flach, so bleibt die Schneide stumpf. Am Schliffbild ist zu erkennen, ob es gelungen ist, das Werkzeug exakt zu führen.

Sollte es auch mit Geduld und etwas Übung nicht gelingen, den richtigen Winkel einzuhalten, so hilft ein Keil , den man sich im gewünschten Winkel aus Holz selbst anfertigen kann. Komfortabler, aber auch teuer sind Schärfführungen , kleine Vorrichtungen mit einer Rolle, in die das Werkzeug fest unter dem gewünschten Winkel eingespannt wird.

Um das Prinzip des Schärfens von Werkzeugen zu erklären, wird im Folgenden das Schleifen eines Stechbeitels genau beschrieben.

- Man beginnt den Schärfvorgang an der Fase, falls notwendig mit einem gröberen Schruppstein , um erst einmal Scharten und Verformungen herauszuschleifen und gegebenenfalls die gewünschte Schneidengeometrie herzustellen. Die Schneide muss exakt rechtwinklig zum Stein liegen, der Fasenwinkel sollte 25 oder 30 Grad betragen (für jeweils weichere oder härtere Holzarten).
- Ist die gewünschte Schneidengeometrie mit dem Schruppstein hergestellt, so setzt man den Schärfvorgang mit dem Schärfstein fort, um alle sichtbaren Riefen des Schruppens zu entfernen.
- Ist dieser Zustand erreicht, wird der Schleifwinkel des Werkzeugs um etwa fünf Grad erhöht, um eine sogenannte Mikrofase herzustellen, die nur zwei bis drei

Zehntelmillimeter betragen sollte. Bei einem Fasenwinkel von 25 Grad beträgt der Winkel an der äußersten Spitze der Schneide jetzt demzufolge 30 Grad, was der Schneide eine verlängerte Standzeit verschafft.

- Jetzt kann man sich der Spiegelseite zuwenden und auch dort eventuelle Riefen zu entfernen. Dazu legt man das Eisen flach auf den Schärfstein, der dazu absolut plan

Mit Hilfe des selbstgefertigten Holzkeils wird der gewünschte Schneidenwinkel beibehalten. Hier wird übrigens ein Kombistein benutzt, auf dessen gröberer Seite geschliffen und auf dessen feinerer danach abgezogen wird.

Hier wird eine Schärfführung verwendet. Für die abschließende Mikrofase wird der Winkel um 5 Grad erhöht.

Die Spiegelseite wird auf einem abgerichteten Stein poliert, aber nicht geschliffen.

abgezogen sein muss, und poliert mit wenig Druck, bis ein gleichmäßiges Tragbild ohne Kratzer erkennbar ist.

- Schließlich wird der an der Schneide entstandene Schleifgrat entfernt. Führen Sie die etwas aufgestellte Schneide des Werkzeugs in kreisenden Bewegungen leicht über einen Abziehstein. Anschließend die Spiegelseite flach über den Abziehstein führen und den restlichen Grat wieder auf die Schneidenseite zurückdrücken. Gegebenenfalls den Vorgang mehrfach wiederholen.
- Fast überflüssig zu erwähnen, dass dieses nun rasiermesserscharfe Werkzeug geschützt aufbewahrt werden muss: Einerseits wegen der Verletzungsgefahr, andererseits, um dessen Schärfe möglichst lange zu erhalten.

ABRICHTSTEIN SELBST HERSTELLEN

Schärfsteine nutzen sich schon nach relativ kurzer Zeit ab und werden hohl, was unweigerlich dazu führt, dass die Schneiden rund werden und auch der Fasenwinkel nicht mehr exakt eingehalten werden kann. Die **Ausnahme** bilden Hohlbeitel: Hier sind besonders geformte Schleifsteine nötig.

Im Handel werden relativ teure Abrichtblöcke angeboten, doch ein eigens präparierter, hart gebrannter Klinkerstein mit etwas Siliziumkarbidpulver tut es auch. Man nimmt dazu zwei Klinkersteine, die man vorher eine halbe Stunde lang gewässert hat, und reibt sie mit etwas Pulver so lange gegeneinander, bis die beiden Ziegelsteine beginnen, sich aneinander festzusaugen. Dann sind die Flächen völlig eben.

Auf die gleiche Weise können später Schärfsteine vor oder nach jeder Benutzung am Ziegel abgerichtet werden. Bei allen Schleif- oder Abrichtarbeiten sollten die Steine zwischendurch mit Wasser abgespült werden, um den Abrieb zu entfernen. Auf diese Weise wird die Bildung von Riefen verhindert.

ARBEITSSCHUTZ

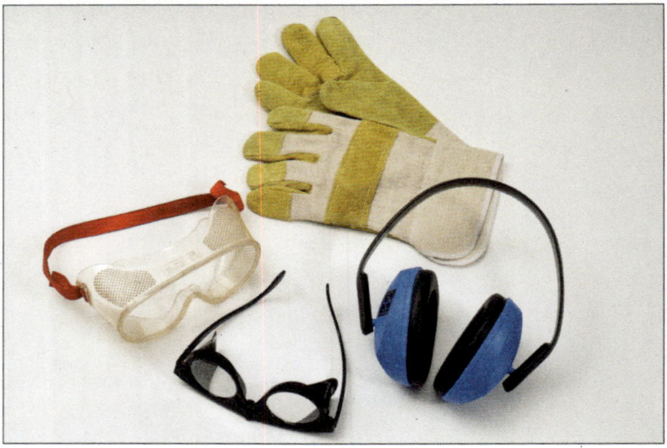

Schutzbrillen, Handschuhe und Gehörschutz bilden die Mindestausrüstung für die Sicherheit.

Über 300 000 Menschen im Jahr verunglücken in Deutschland beim Heimwerken. Das sind rund 830 Unfälle am Tag. Die Skala reicht von Kratzern und Blutergüssen bis zum tödlichen Sturz. Die meisten Heimwerkerunfälle passieren mit Bohrmaschinen und Kreissägen, auf Platz zwei der Statistik folgen Stürze von Leitern, Treppen oder Dächern. Viele Heimwerker fallen auch über Werkzeuge oder herumliegende Kabel. Umsicht ist deshalb eine der wichtigsten Voraussetzungen, um Unfälle zu vermeiden.

Überlegungen zum Schutz vor Verletzungen oder Unfällen sollten nicht erst dann angestellt werden, wenn Kreissägen benutzt werden. Vor rasiermesserscharfen Hobeln und Stechbeiteln muss ebenso gewarnt werden wie vor schlecht belüfteten Räumen oder Lappen bei der Verwendung von Lösungsmitteln, Klebern oder gar Abbeizern.

Eine einfache Schutzausrüstung ist überraschend preiswert. Die Investition wiegt schon die kleinste Verletzung und das damit verbundene Risiko gesundheitlicher Folgeschäden oder gar eines Arbeitsausfalls auf.

Beim Gebrauch von Elektrosägen und -schleifern, auch Bohrmaschinen sollte neben der obligatorischen Schutzbrille und den Handschuhen ein Gehörschutz getragen werden. Gehörschäden, die sich oft erst nach Jahren oder im Alter bemerkbar machen, werden leider oft unterschätzt. Bei der Benutzung von Kettensägen, einem der gefährlichsten Elektrogeräte überhaupt, ist sogar ein Helm mit Gesichts- und Ohrenschutz vorgeschrieben.

Werden schwere Teile wie Balken, Träger oder Platten bewegt, empfiehlt sich die Anschaffung von Sicherheitsschuhen mit einer Stahlkappe und einer Sohle, die von hochstehenden Nägeln nicht durchdrungen werden kann.

Bei Arbeiten mit starker Staubentwicklung – auch Holzstaub gilt als gesundheitsschädlich – muss eine eng anliegende Staubmaske getragen werden. Die meisten billigen Einwegstaubmasken erfüllen leider nicht ihren Zweck, weil sie nicht eng genug sitzen und jede Menge Staub an den Rändern durchlassen.

Wer sich vor Lösungsmitteldämpfen, zum Beispiel beim Umgang mit Abbeizern, schützen will, ist mit einer Staubmaske falsch beraten. Die Moleküle der Lösungsmittel durchdringen auch den feinsten Filter. Hier hilft wirklich nur eine Gasmaske.

Klebstoffe, Lacke, Farben und Abbeizer sollte man gar nicht erst an seine Haut heranlassen. Hier helfen Einweghandschuhe.

Die meisten Baumärkte haben die Wichtigkeit des Unfallschutzes erkannt und bieten ein ganzes Arsenal von Schutzkleidung, Schutzbrillen oder Atemmasken an.

HINWEISE FÜR DEN LEITERKAUF:

- **Große, rutschsichere Standfüße** mit festen Kappen gegen Beschädigung des Fußbodens
- **Trittsichere Stufen**, mindestens acht Zentimeter breit
- **Sicherung gegen Überspreizen**, zum Beispiel mit Spanngurt oder -kette. Den gleichen Effekt hat auch eine einrastende Sicherheitsplattform.
- **Die Höhe der Leiter** sollte so bemessen sein, dass Sie auf der oberen Plattform stehen und dort bequem und sicher arbeiten können.
- **Sicherheitsbügel mit Werkzeugablage**

HOLZ UND MÖBEL

BASISINFORMATIONEN

Um die Gestaltung der Bodenbeläge kümmert man sich in der Regel nur alle paar Jahre, vorzugsweise beim Einzug in eine neue Wohnung. Kleinere Schäden auf Holzböden oder Parkett kommen dagegen immer wieder vor – ihre Beseitigung ist bei Eigenverschulden Sache des Mieters –, an Holzverkleidungen und Paneelen lassen sich Gebrauchsspuren und Kratzer auf Dauer sogar kaum vermeiden.

Schwund- oder Trockenrisse sind meist auf eine falsche Lagerung und zu schnelle Trocknung der verwendeten Hölzer zurückzuführen. Sie können auch noch nach Jahren auftreten.

Durch Beschädigung der schützenden Lackschicht wird die darunter liegende Beize angegriffen. Sie verliert ihre färbende und schützende Wirkung: Feuchtigkeit dringt ein, das Holz wird rissig und …

Auch Gebrauchsmöbel sind hohen Beanspruchungen ausgesetzt. Ihre Oberflächen leiden durch Abstellen von Gegenständen, Verschütten von Flüssigkeiten, häufiges Abwischen und Reinigen, die Scharniere und Führungen durch unzähliges Öffnen und Schließen. Bei Sitzmöbeln kommen dynamische Beanspruchungen hinzu, die ihre Verbindungen besonders belasten. Oft können diese Beschädigungen ohne größeren Aufwand ausgebessert werden.

SCHADENSANALYSE

Saubere, gepflegte Möbel und Holzverkleidungen sind attraktiv, wohnlich und besitzen eine lange Lebensdauer. Erreicht wird dies durch schonende Behandlung, sachgerechte Pflege und das frühzeitige Beheben kleinerer Schäden.

Bei der Vielfalt der in der Produktion verwendeten Hölzer und der vielen unterschiedlichen Oberflächenbehandlungen kommt es darauf an, die richtige Reparaturmethode zu finden, wenn ein Schaden eingetreten ist.

… spröde. Das betrifft hervorstehende Zierprofile ebenso wie glatte Möbelflächen. Höchste Zeit also, die Oberflächen wieder neu zu versiegeln.

Die Platte eines Esstischs ist besonders hohen Beanspruchungen ausgesetzt. Jahrelanger Gebrauch greift die Beschichtung an. Zurück bleibt eine Oberfläche, auf der sich Ränder und Flecken abzeichnen.

- Schwankungen in Raumtemperatur und Luftfeuchtigkeit lassen sich in der Wohnung oder im Haus kaum vermeiden. Furniere reagieren empfindlich auf Nässe und Hitze, lösen sich ab oder wölben sich. Auch in unbehandelte Massivhölzer dringt leicht Feuchtigkeit ein.
- Vor Kratzer oder Gebrauchsspuren ist kein Holz gefeit, selbst Spanplatten mit Kunststoffbeschichtungen können auf diese Weise beschädigt werden.
- Auf waagerechten Oberflächen können durch kleine Missgeschicke schnell Flecken entstehen: verschütteter Rotwein auf der Tischplatte, Kaffeeränder auf Schreibtischen oder nicht weggewischte Wasserspritzer.
- Holzoberfläche wie -substanz können von Schädlingen befallen werden, hauptsächlich vom sogenannten Holzwurm.

Deshalb gilt es, Schäden gründlich zu analysieren und die passende Reparaturmethode zu wählen. Aus einem kleinen Kratzer wird leicht ein irreparabler Schaden, wenn zum falschen Mittel oder Werkzeug gegriffen wird.

PFLEGEMITTEL

Holzoberflächen, die dem täglichen Gebrauch ausgesetzt sind, werden meist durch einen Überzug, eine Versiegelung oder Lackierung geschützt. Die gebräuchlichsten Pflegemittel für diese Oberflächen sind Polituren, Wachse und Öle.

- Polituren beseitigen – aufgrund ihrer abrasiven Wirkung – Schmutzablagerungen und leichte Kratzer. Sie sind als farblose oder auf den jeweiligen Holzton abgestimmte Produkte erhältlich. Um Flecken auf der Oberfläche zu vermeiden, werden Polituren niemals direkt auf das Holz, sondern immer auf einen Lappen oder Ballen gegeben.

Wachse sind in flüssiger und pastöser Form sowie als Hartwachs erhältlich. Für das Oberflächen-Finish der unterschiedlich harten Holzarten muss man entsprechend passende Bürsten wählen.

- **Wachse** bilden eine Schutzschicht gegen Feuchtigkeit, Küchendünste, Schmutz und Ruß. Die Wachsschicht ist jedoch nicht sehr strapazierfähig und deshalb häufig zu erneuern. Wachse sind in flüssiger und pastöser Form sowie als Hartwachs erhältlich.
- **Öle** dringen in das Holz ein und sind deshalb für behandelte (lackierte, lasierte) Oberflächen eher ungeeignet. Sie sind in der Regel transparent und sollten in mehreren Arbeitsgängen aufgetragen werden, bis das Holz nichts mehr aufnehmen kann.

TIPP: ERST TESTEN

Reinigungsmittel sollten grundsätzlich probehalber an einer später nicht sichtbaren Stelle aufgetragen werden, um ihre Wirkung zu testen.

Für alle genannten Mittel gilt, dass ihre Inhaltsstoffe auf deren Verträglichkeit mit bestimmten Oberflächen überprüft werden müssen. So können beispielsweise Schellack-Polituren (meist bei alten Möbeln) durch falsche Behandlung irreparabel beschädigt werden. Es ist deshalb ratsam, an versteckter Stelle mit Wasser, Verdünnung oder Terpentin zu testen, ob die Schutzschicht geschädigt oder angelöst wird.

Furniere und Massivholz erfordern unterschiedliche Behandlungsmethoden. Furnierschichten sind sehr dünn, und ein Behandlungsfehler kann leicht irreparabel sein. Massivhölzer könnte man bei einer Beschädigung immer noch abziehen (lassen).

FLECKEN AUF UNBEHANDELTEM HOLZ ENTFERNEN

SIE BRAUCHEN für das Entfernen von Flecken bei Holz:

- Reinigungs- und Scheuermittel
- Speise- oder Spezialholzöl
- Bürsten
- Schleifmittel
- Elektro-Schleifgeräte
- Arbeitshandschuhe und Schutzbrille

Bei sofortiger Anwendung des richtigen Verfahrens können Flecken meist völlig entfernt werden. Einmal trocken oder gar gealtert, ist die in den Untergrund eingedrungene Flecksubstanz erheblich schwieriger zu entfernen. Bei verschütteten Flüssigkeiten lässt sich die Ausbreitung oder das tiefere Eindringen durch sofortiges Aufnehmen mit einem sauberen Schwamm oder saugfähigen Tuch verhindern.

Ältere Flecken sollten zunächst auf ihre Art und Konsistenz hin untersucht werden, um sicherzustellen, dass das richtige Reinigungsverfahren angewendet wird. Bei der Fleckentfernung besteht auch immer das Risiko der irreparablen Beschädigung oder auch Fixierung des Flecks. Hinweise zur Behandlung unterschiedlichster Flecken bekommen Sie auch im Internet unter www.test.de.

HINWEISE ZUR FLECKENBEHANDLUNG

Um unerwünschte Nebenwirkungen (zum Beispiel Verfärbungen) zu vermeiden, sollten Gegenstände aus unbehandeltem Holz ausschließlich mit klarem Wasser gesäubert werden. Unangenehme Gerüche lassen sich mit Zitronen- oder Essigwasser beseitigen.

- **Holzgeräte** sollten immer vollständig an der Luft trocknen, am besten aufrecht stehend. Keinesfalls darf der Trocknungsvorgang durch Ofenhitze oder Sonneneinstrahlung beschleunigt werden. Je nach Feuchtegrad besteht sonst die Gefahr, dass das Holz reißt.
- **Sehr starke Verschmutzungen** lassen sich mit Scheuerpulver behandeln. Gearbeitet wird dabei in kreisförmigen Bewegungen oder in Richtung der Holzmaserung.

Auf keinen Fall quer zur Maserung scheuern, sonst entstehen Riefen, die sich kaum noch entfernen lassen.

- Fettflecke, die durch das Scheuern nicht zu entfernen sind, können mit einem Gemisch aus Wasser und Pfeifenerde (erhältlich in Drogerien) eingestrichen werden. Nach etwa 24 Stunden Einwirkzeit wird der Brei entfernt und der Gegenstand mit klarem Wasser abgewaschen. Das Verfahren ist so oft zu wiederholen, bis die Flecken vollständig verschwunden sind.
- Flecken, die in ungeschütztes Holz eingedrungen sind oder sogar Oberflächen angegriffen haben, sind kaum

1 Solche Flüssigkeitsränder müssen – vor allem auf unbehandeltem Holz – sofort feucht abgewischt werden.

2 Beim Renovieren beachten: Zement, Gips und Kalk verursachen auf Holz dunkle Oxidationsstellen.

3 Nach einer zeitaufwendigen Bearbeitung mit trockener Bürste bleibt das Ergebnis unbefriedigend. Der nächste Schritt: das Behandeln mit Essigsäure oder verdünnter, eisenfreier Salzsäure (100 g in 1 Liter kaltem Wasser auflösen; unbedingt Hände und Augen schützen!). In ganz schwierigen Fällen hilft nur noch ein vorsichtig dosiertes Abschleifen.

4 Der Feuchtigkeit ausgesetzte Verschraubungen (beispielsweise bei Bodenplanken) sind unbedingt mit Edelstahlschrauben auszuführen. Rostende Schrauben hinterlassen Spuren auf dem Holz.

noch zu entfernen. Rotweinflecken im Holz können möglicherweise durch Bleichen (Wasserstoffperoxid mit bis zu 3 % Salmiakgeist gemischt; Augen, Haut und Kleidung schützen) verschwinden. Allerdings wird das Holz ebenfalls gebleicht. Hier ist äußerste Vorsicht geboten, und bevor Sie versuchen, mit Bleichmitteln Flecken zu entfernen, sollten Sie den Hersteller befragen.

- Fleckige oder stark verschmutzte Arbeits- und Tischplatten aus unbehandeltem Massivholz können abgeschliffen (Schwing- oder Bandschleifer) werden. In besonders hartnäckigen Fällen kann das Schleifen oder Fräsen der gesamten Platte erforderlich sein. Dies sollte vom fachkundigen Tischler erledigt werden. Dann wird jedoch eine komplett neue Behandlung der Oberfläche erforderlich.

TIPP: CHEMIE

Beim Umgang mit chemischen Substanzen ist Vorsicht geboten! Um unerwünschte Reaktionen zu vermeiden, sollten lösemittelhaltige Fleckentferner vollständig abtrocknen, bevor die Behandlung fortgesetzt wird. Fleckensalze, Wasserstoffperoxid und Entfärber dürfen bis zu 15 Minuten einwirken. Bevor Sie versuchen, mit solchen Mitteln Flecken zu entfernen, sollten Sie auf jeden Fall zuerst an einer unsichtbaren Stelle des Möbels ausprobieren, wie es auf darauf reagiert.

KAMPF DEM HOLZWURM

Neben Staub, trockener Heizungsluft und mechanischer Beanspruchung kann Holz auch durch Schädlinge beschädigt werden.

In Möbelstücken und verbauten Hölzern ist vorwiegend die Larve des klassischen Holzwurms (besser: Klopf- oder Gemeiner Nagekäfer) zu finden. Stellt man ein befallenes Möbelstück in einen zentralbeheizten Wohnraum, kann man normalerweise davon ausgehen, dass die Larven wegen zunehmender Trockenheit des Holzes von alleine absterben.

Wenn das nicht der Fall ist, gibt es unter Umständen die Möglichkeit, die Larven durch Erhitzen des Holzgegenstands auf 55 Grad Celsius (im Kern eine Stunde lang) abzutöten – je nach der Größe des Objekts im Backofen, in der

SIE BRAUCHEN für das Behandeln eines Holzwurmbefalls:

- Bekämpfungsmittel
- Injektionsspritze
- Arbeitshandschuhe
- Schutzbrille
- Reparaturwachs

1 Klassischer Holzwurmbefall: Typisch sind die kleinen Holzspiralen und rieselndes Bohrmehl.

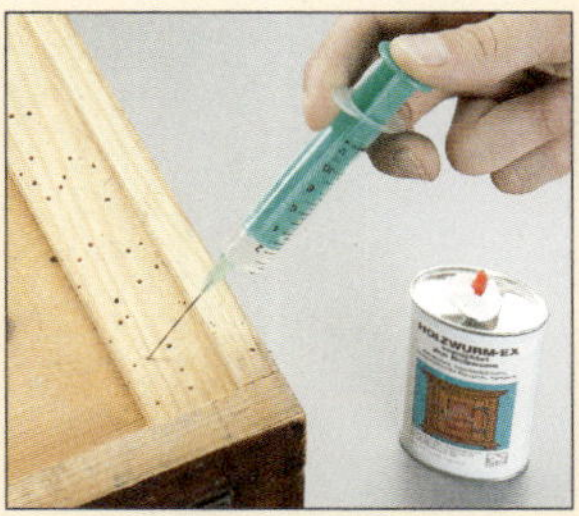

2 In die Spritze werden einige Milliliter der Bekämpfungsflüssigkeit aufgezogen und jeder Fraßgang gezielt durchtränkt.

3 Der durchtränkte Gang wird nun mit Reparaturwachs oder Holzkitt verschlossen, damit sich das Mittel im Inneren entfalten und nicht verflüchtigen kann.

TIPP: SCHUTZ VOR GIFT

Tragen Sie bei so einer Behandlung von Möbeln mit Insektengift Arbeitshandschuhe und eine Schutzbrille! Das Mittel kann zurückspritzen, wenn die Gänge gefüllt sind.

Sauna oder im Sommer unter einer schwarzen Folie in der Sonne.

Für Holzobjekte, die nicht bewegt werden können gibt es im Handel zahlreiche Bekämpfungsmittel, die – bei richtiger Anwendung – Abhilfe schaffen. Da sie für den gezielten Einsatz und weniger für eine großflächige Anwendung gedacht sind, sollten sie mit Hilfe von Injektionsspritze und Kanüle in jeden einzelnen der sichtbaren Fraßgänge injiziert werden. Einige Hersteller liefern bei Spraydosen Kanülen gleich mit. Bei starkem Befall werden die Bekämpfungsmittel, die meist farblos sind, mit einem Pinsel (von der Rückseite) aufgetragen. Kleinere Teile (Verzierungen, Schrankfüße) können auch durchtränkt werden. Prinzipiell sollte in Innenräumen aber völlig auf (giftige) Holzschutzmittel verzichtet werden.

ALTE ÜBERZÜGE ENTFERNEN

SIE BRAUCHEN für die Behandlung von Oberflächen:

- Schleifpapier mit verschiedenen Körnungen
- Harte und weiche Bürste(n)
- Pinsel
- Heiße Seifenlauge (bei Wachsbeschichtungen)
- Klares Wasser

Manche alte Farbüberzüge sind es wert erhalten zu werden, weil sie erst nach Jahren einem Gegenstand sein charakteristisches Aussehen verliehen haben. Anders ist es jedoch, wenn durch Blasen oder Risse im Anstrich das äußere Erscheinungsbild erheblich gelitten hat.

VORBEHANDLUNG

Um Holzoberflächen für eine schützende Endbehandlung vorzubereiten, werden sie von allen Farb-, Schmutz- und Fettrückständen befreit. Dies geschieht durch sorgfältiges Abschleifen (→ Seite 66). Beim darauf folgenden Entstauben ist das Absaugen dem Bürsten vorzuziehen. Ist kein Staubsauger verfügbar, sollte die Bürste immer wieder gegen den Strich (mit den Borsten voraus) über das Holz geführt werden. So werden die meisten Staubreste auch aus Poren und Vertiefungen entfernt. Beim Abbürsten des Schleifstaubs wird systematisch von oben nach unten gearbeitet, damit der Staub zum Schluss auf den Boden fällt.

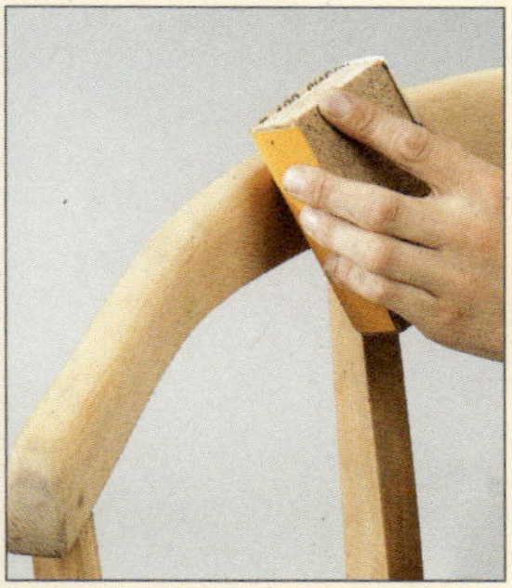

1 Der erste Schritt beim Vorbereiten eines Untergrunds für die Endbehandlung ist das Schleifen. Es sollte in mehreren Schritten und mit immer feinerer Körnung (etwa 80er, 160er und 220er Schleifpapier) ausgeführt werden.

2 Für ein besonders feines Endergebnis wird die Oberfläche gewässert. Nach dem völligen Durchtrocknen werden die überstehenden Faserspitzen gegen die Faserrichtung mit mäßigem Druck abgeschliffen, ohne sie auszureißen. Nach dem letzten Feinschliff sollte auf ein feuchtes Abwischen verzichtet werden, weil sich dadurch feinste Holzfasern wieder aufstellen und der letzte Schliff seine Wirkung verliert. Sämtlicher Schleifstaub wird sorgfältig mit einer Bürste entfernt.

3 Eine alte Wachsschicht zu entfernen, erfordert viel heiße Seifenlauge und eine kräftige Bürste. Diese Methode ist aber nur bei Massivhölzern anwendbar. Furniere behandelt man besser mit einem sogenannten Abwachser. Da hier sehr viel Wasser fließt, ist ein Platz im Freien gut geeignet. Das Wachs sollte erwärmt sein, bevor das Abbürsten beginnt. Bürste und Platte befreit man zwischendurch immer wieder von den Wachsrückständen.

FARBE ENTFERNEN

SIE BRAUCHEN

für das Abbeizen:

- Heißluftgebläse oder
- Abbeizer oder
- Schleifmittel
- Pinsel, Spachtel, Drahtbürste
- Arbeitshandschuhe, Schutzbrille
- Abdeckplane, Schutzfolie

Es gibt drei gängige Methoden, einen alten Farbüberzug zu entfernen: mit Chemikalien auflösen, durch Hitze aufweichen und abtragen oder abschleifen. Jede Methode hat jedoch ihre spezifischen Nachteile.

Beim Abschleifen entsteht sehr viel Farbstaub. Schonender ist die Verwendung eines Heißluftgebläses. Acryllacke lassen sich damit aber nur schwer aufweichen, und die Gefahr, die Holzoberfläche zu versengen, ist relativ hoch. Flüssige oder pastöse chemische Abbeizmittel, die Alkalien oder Lösemittel enthalten, sind nicht ungefährlich. Deshalb sind unbedingt die Sicherheitsvorschriften des Herstellers einzuhalten. Dickflüssige Pasten und Gele sind einfacher anzuwenden, da sie auch an senkrechten Oberflächen haften und langsamer reagieren. Bei alten Ölfarben sind alkalische Abbeizer oft am wirkungsvollsten. Das chemische Abbeizen sollte bei Zimmertemperatur erfolgen.

1 Beim Entfernen von dicken Lackschichten mit Abbeizern können mehrere Arbeitsgänge oder lange Einwirkzeiten erforderlich sein. Die optimale Einwirkzeit kann man durch das Einstreichen kleiner Flächen ermitteln. Ein Abdecken der behandelten Fläche mit Folie verhindert das Austrocknen und kann so die Wirkung des Abbeizers erhöhen.

TIPP: HINWEISE ZUR ANWENDUNG

Bei der Arbeit mit Abbeizern müssen Sie die Räume immer gut lüften und nicht abzubeizende Gegenstände sowie den Boden abdecken. Achten Sie darauf, Schutzbrille und Arbeitshandschuhe zu tragen. Spritzer auf der Haut müssen Sie sofort mit Wasser abspülen.

Reste von Farben und Abbeizmitteln gehören nicht in den Hausmüll oder ins Abwasser, da sie auf natürlichem Wege nicht abgebaut werden und das Grundwasser belasten. Deshalb sind sie in gut verschließbaren Behältnissen zu sammeln und eindeutig zu etikettieren. Dann sind sie bereit für die Schadstoff-Sammelstelle.

Vorsicht! Die Ausdünstungen von Abbeizern sind gesundheitsschädlich. Weitere Informationen finden Sie unter www.test.de, Stichwort „Abbeizer" im Suchfeld.

2 Hat der Abbeizer seine maximale Wirkung erreicht, wird die aufgeweichte, abblätternde Farbe mit einem Spachtel entfernt. Profile sind mit Drahtbürste oder Stahlwolle zu behandeln.

SCHLEIFEN

SIE BRAUCHEN
für das Schleifen:
- Elektro-Schleifgeräte
- Handschleifgeräte
- Feilen, Schleifmittel
- Atemmaske
- Schutzbrille

Bei nahezu jeder Oberflächenbehandlung gehört Schleifen zur Vorbereitung. Nachdem alle Holzschäden (Risse, Kratzer, Dellen) behandelt worden sind, kommt der „letzte Schliff“. Besonders effektiv ist dieser, wenn die Fläche zuvor gewässert wurde. Nach dem vollständigen Abtrocknen werden die hochstehenden Faserspitzen gegen die Faserrichtung mit nur mäßigem Druck abgeschliffen.

Das Schleifmittel, auch die Schleifmaschine, ist immer in Richtung der Maserung zu bewegen, niemals quer dazu. Wer bei Naturholzflächen und edlen Furnieren auf ein exzellentes Finish Wert legt, kommt um den Feinschliff per Hand nicht herum, da Schleifmaschinen auch Bewegungen quer zur Maserung ausführen. Eine Ausnahme bildet der Bandschleifer, der allerdings nicht verkantet werden darf: Profi-Geräte haben einen Bürsten-Schleifrahmen, der dies verhindert und mit dessen Hilfe auch die Andruckkraft eingestellt werden kann.

TIPP: SAUBERKEIT

Alle Schleifstellen sind sorgfältig von Schleifstaub zu befreien, damit sich der vorgesehene Auftrag mit der Oberfläche verbinden und in die Poren eindringen kann. Geeignet dazu sind weiche Pinsel und Handfeger. Besser ist ein Staubsauger mit Bürste und Handdüse.

1 Der Deltaschleifer eignet sich zum Bearbeiten von Ecken, der Exzenterschleifer für ebene und leicht gewölbte Flächen. Obligatorisch: die Staubabsaugung.

2 Für den Abtrag auf ebenen Flächen kommt ein Schwingschleifer (vorne) oder ein Bandschleifer zum Einsatz.

3 Für ein optimales Oberflächen-Finish stehen viele Produkte zur Verfügung: Schleifpapier, Hilfsmittel, die das Papier halten sowie Schleiffeilen und -schlitten mit Ersatzschleifblättern.

4 Schleifpapier wird unterschieden nach seiner Körnung. Sie reicht von grob- (40) bis zu feinkörnig (300 und mehr). Von oben nach unten die Körnungen 40, 80, 120 und 180.

LACKIEREN

SIE BRAUCHEN
für das Lackieren:
- Schleifmittel
- Pinselauswahl und Lackrollen je nach Verwendungszweck. Lassen Sie sich beim Kauf beraten.
- Lackwanne(n)

Lacke und Farben werden nach Reaktionsharz-, Lösemittel- und Wasserlacken unterschieden. Für einen Anstrichaufbau, der immer aus mehreren Schichten besteht, sollte man sich für ein System entweder auf Wasserbasis oder auf Basis organischer Lösungsmittel (auch als Acryl- oder Alkydharzfarben bezeichnet) entscheiden. Wer sicher gehen will, sollte Produkte desselben Herstellers verwenden und beim Kauf die diesbezüglichen Angaben auf den Farbdosen beachten.

Nachdem eine Oberfläche durch den letzten Schliff perfekt vorbereitet wurde, ist der erste Schritt immer eine Grundierung. Dann folgen ein Voranstrich und schließlich ein oder zwei Endlackierungen (nach Anspruch). Lackschichten müssen vor jedem neuen Überstreichen angeschliffen und danach sorgfältig entstaubt werden. Mit Lackrollen sind die besten Ergebnisse zu erzielen, wenn die Fläche erst senkrecht, dann waagerecht und noch einmal senkrecht in überlappenden Bahnen bearbeitet wird.

TIPP: BLAUER ENGEL

Produkte mit dem Umweltzeichen des deutschen Umweltbundesamts („Blauer Engel") sind zu bevorzugen. Der Blaue Umweltengel wird an Produkte vergeben, die im Vergleich zu Konkurrenzprodukten relativ umweltverträglich sind (zum Beispiel besonders emissionsarm). Hersteller und Produkte erfahren Sie beim Umweltbundesamt in Berlin (Tel. 0 30/8 90 30) und im Internet unter www.blauer-engel.de.

1 Der feine (Oberflächen-) Unterschied: hochglänzend, seidenmatt und matt (v. li.).

2 Eine Grundausstattung: Flachpinsel verschiedener Breiten, Rundpinsel, Strichzieher und feine Malerpinsel, Lackrollen aus Velours oder Schaumstoff. Dazu eine Lackwanne.

3 Bei Oberflächen, die Konturen aufweisen, werden immer zuerst die Profile und Ecken gestrichen. Gut geeignet dazu ist ein Rundpinsel entsprechender Größe.

4 Sofort danach erfolgt nass in nass das Rollen aller Flächen. Das heißt, dass die mit dem Pinsel aufgetragene Farbe auf keinen Fall vor dem Rollen trocknen sollte.

LASIEREN

SIE BRAUCHEN
für das Lasieren:
- Schleifmittel
- Diverse Pinsel/ Lasurpinsel
- Behälter zum Mischen

TIPP: MIXTUR & QUALITÄT

Lasuren sind untereinander gut mischbar. So sind auch gewünschte Zwischentöne zu erzielen, die nicht fertig angeboten werden. Sicherheitshalber sollten die benutzten Gebinde mit den Grundtönen von einem Hersteller stammen. Biozidhaltige Holzschutzlasuren sollte man in Innenräumen nicht anwenden. Zahlreiche Hersteller bieten aber Holzlasuren überwiegend guter Qualität an.

Lasuren sind mit Farbpigmenten versetzte Überzugsmittel. Je nach ihrem Gehalt an Pigmenten und Festkörpern entsteht eine Dünnschicht- oder Dickschichtlasur. Sie dienen einmal der farblichen Gestaltung von Holzoberflächen und zum anderen dem Schutz vor Pilzen und Insekten. Sie sind wasserverdünnbar oder auf Ölbasis erhältlich. Lasuren verschließen die Holzporen nicht vollständig. Das Holz kann daher Feuchtigkeit aufnehmen und abgeben.

Eine Vorbehandlung ist meist nicht erforderlich. Die Ausnahme: Alte, blätternde Anstriche sind gründlich bis auf das rohe Holz zu entfernen. Das beste Ergebnis wird mit einem Lasurpinsel (statt Rollen oder Spritzen) erreicht, weil dies einen satteren, tief eindringenden Lasurauftrag ermöglicht. Dennoch bleibt die Holzmaserung gut sichtbar. Lasuren können nicht auf Lack- oder Wachsschichten aufgebracht werden. Umgekehrt lassen sich aber lasierte Flächen lackieren und wachsen. Lasurreste können bis zu einem halben Jahr aufbewahrt werden, wenn die Dose gut verschlossen kühl gelagert wird.

Werden Lasuren mit einem breiten Flachpinsel in gleichmäßigen Zügen aufgetragen, garantiert dies einen tief in das Holz eindringenden Anstrich.

BEIZEN

Durch Beizen erhält eine Holzoberfläche eine transparente Farbe. Die typische Maserung bleibt sichtbar.

Farbstoffbeizen zeichnen sich durch gute Lichtechtheit aus. Angeboten werden sie gebrauchsfertig als Flüssigbeizen und als Beizpulver. Diese Pulver sind in heißem Wasser aufzulösen. Die Beize ist sofort nach dem Erkalten einsetzbar. Metallische Gefäße eignen sich dazu nicht, weil der Kontakt zu Farbverfälschungen führt. Besser sind Behältnisse aus Kunststoff oder Keramik. Nicht zuletzt sollten auch die Pinsel auf keinen Fall in Metallzwingen gebunden sein.

Einmal aufgetragen ist der Farbton nicht mehr zu korrigieren. Machen Sie an einem Abfall-Holzstück eine Farbprobe. Beachten Sie, dass dieselbe Beize auf unterschiedlichen Hölzern verschiedene Farbtöne ergeben kann.

Beim Beizen muss der Farbstoff ungehindert ins Holz eindringen können. Die Holzoberfläche muss also unbehandelt und fettfrei sein. Bei abgelaugten Weichholzmöbeln können sich Flecken bilden, wenn sich noch Farbreste im Holz befinden und die Beize ungleichmäßig vom Holz aufgenommen wird.

Aufgetragen werden Beizen zunächst in Faserrichtung und dann quer dazu. Die überschüssige Beize wird mit einem fusselfreien Lappen abgenommen oder mit einem trockenen Beizpinsel in Faserrichtung vertrieben und das Werkstück über Nacht getrocknet. Der Raum zum Beizen sollte warm und trocken sein.

Für einen dauerhaften Schutz benötigt die gebeizte Fläche eine Politur oder einen Klarlacküberzug. Voraussetzung für dessen Haltbarkeit ist eine Grundierung. Gut sind Schnellschleifgrundierungen, weil sie rasch trocknen. Sie werden immer in Faserrichtung aufgetragen, nach dem Aushärten geschliffen und der Staub sorgfältig entfernt.

SIE BRAUCHEN

für das Beizen:

- Schleifmittel
- Diverse Pinsel (nicht mit Metallzwingen!)
- Behälter zum Auflösen (nicht aus Metall!)
- Fusselfreie Lappen
- Grundierung und Klarlack

1 Besonders bei Pulverbeizen sind die Herstellerhinweise zu beachten. Ratsam sind Proben auf gleichartig geschliffenen Restholzstücken, um die (trockene) Farbwirkung erkennen zu können.

2 Die Beize wird mit einem breiten Flachpinsel in langen gleichmäßigen Zügen aufgetragen. Gut erkennbar ist die Plastikzwinge des Pinsels.

3 Nachdem die aufgebrachte Grundierung vollständig ausgehärtet ist, wird sie mit feinem Papier (240er-/280er-Körnung) leicht angeschliffen.

WACHSEN, ÖLEN, BALLENMATTIERUNG

Wachs verleiht Holzoberflächen einen seidenmatten Glanz. Die Wachsschicht ist nicht wasserbeständig, kratz- und abriebfest. Wachs sollte deshalb nur bei wenig beanspruchten Flächen eingesetzt werden. Reines Bienenwachs ist zu weich und eher ungeeignet. Empfehlenswert sind härtere Produkte (z. B. ungebleichtes Carnaubawachs), die erst bei 90 Grad Celsius schmelzen. Als Lösemittel kommen natürliche Rohstoffe (z.B. Zitrus- und Balsamterpentinöl) in Frage.

Die dünnflüssigen Öle heben die Holzmaserung besonders hervor. Die gängigsten sind Lein-, Tung- und Teaköl. Sie trocknen zwar ziemlich hart auf und einige (z.B. Tungöl) sind sogar feuchtigkeitsbeständig, dennoch bieten sie dem Holz wenig Oberflächenschutz. Das in die Poren eingezogene Öl nutzt der Oberfläche wenig, sodass die Behandlung relativ häufig zu wiederholen ist.

Die Ballenmattierung ist eine alte Behandlungsmethode mit Schellackpolitur. Der mit Politur getränkte Ballen wird kreisförmig von der Mitte zum Rand über die Oberfläche geführt. Dabei den Ballen bis zum Auftrocknen der Schicht ständig schnell bewegen und niemals liegen lassen.

SIE BRAUCHEN für das Wachsen und Ölen:

- Schleifmittel
- Diverse Pinsel
- Bürste(n)
- Fusselfreie Lappen

TIPP: BRANDGEFAHR

Firnisse und Öle brennen! Bei der Verarbeitung sind unbedingt die Warnhinweise der Hersteller auf den Gebinden zu beachten! Immer gut lüften – auch die Arbeitsgeräte! Ölgetränkte Lappen stets ausgebreitet im Freien trocknen.

1 Flüssige, pastöse und harte Wachse verlangen nach unterschiedlichen Verarbeitungsmethoden und Werkzeugen.

2 Wachs wird mit einem einem Flachpinsel oder weichen, fusselfreien Lappen gleichmäßig dünn aufgetragen.

3 Die gut getrocknete Wachsschicht wird dann mit einer Bürste in Faserrichtung des Holzes geglättet.

4 Bei der Behandlung mit Öl oder Firnissen dringt das Produkt in die Poren der Holzoberfläche ein und versiegelt sie, ohne auf der Fläche einen harten Film zu bilden. Nicht eingedrungene Anstriche unmittelbar nach dem Auftragen mit einem fusselfreien Lappen in Faserrichtung verreiben!

BESCHÄDIGTE DIELEN AUSTAUSCHEN UND NEU FIXIEREN

In vielen Altbauten bilden Holzbalken das tragende Gerüst der Geschossdecken. Die Hohlräume solcher Decken sind mit Lehm oder einer Schlackeschüttung ausgefüllt. Den Oberbelag bilden dann meist massive Bodendielen aus Holz.

Wenn alte Dielenböden bei Renovierungsarbeiten von Teppichbelägen befreit werden, zeigen sich häufig Schäden, die nur durch einen Austausch ganzer Bretter behoben werden können. In diesem Fall löst man im Bereich der beschädigten Dielen die Randleisten, damit sie angehoben werden können. Das weitere Vorgehen hängt davon ab, ob der Belag aus Brettern mit glatten Kanten oder mit Nut und Feder besteht. Bei mehreren nebeneinander liegenden, beschädigten Brettern mit glatter Kante kann man ein breites Stecheisen in die Nut zwischen zwei Brettern stecken und sie damit hochhebeln. Sobald das erste Brett gelöst ist, wird ein Brecheisen (auch Kuhfuß genannt) benutzt, um es ganz herauszuheben.

Bei einem einzelnen auszutauschenden Brett wird eine Schraube eingedreht. Sie dient als Angriffspunkt zum Anheben für das Brecheisen (Zulage benutzen). Bei Dielenbrettern mit Nut und Feder sind Beschädigungen der Verbindungen zu vermeiden. Man sägt aus dem auszutauschenden Brett in der Mitte längs einen zirka fünf Zentimeter breiten Streifen heraus und entfernt die verbleibenden Teile. Muss das Brett nur teilweise ersetzt werden, sägt man es zusätzlich mittig auf dem am nächsten liegenden Trägerbalken durch. Es muss unbedingt darauf geachtet werden, dass dabei der Balken nicht angesägt wird!

SIE BRAUCHEN für das Austauschen von beschädigten Dielen:

- Handkreis-/Stichsäge mit Pendelhubeinstellung
- Schrauber
- Hammer, Dorn
- Beitel/Stemmeisen
- Brecheisen (Kuhfuß)
- (Holz-)Zulagen
- Passende Ersatzdielen

TIPP: SPANPLATTENSCHRAUBEN

Der zylindrische Kern von Spanplattenschrauben ist in der Relation zu ihrem Gewindedurchmesser ziemlich dünn. Das erleichtert das Eindrehen, auch wenn das zu befestigende Teil nicht vorgebohrt wurde. Die dünnen Gewindeflanken schneiden sich beim Eindrehen wie von selbst in das Material. Bei den herkömmlichen Holzschrauben mit konischem Gewinde ist ein Vorbohren unerlässlich.

NAGELN ODER SCHRAUBEN

Nach erfolgter Reparatur müssen teilweise gelöste Dielen und Ersatzbretter wieder fest auf den Trägerbalken fixiert werden. Alte Dielenböden sind meist genagelt. Aus optischen Gründen sollten die Ersatzdielen dann auch genagelt und nicht geschraubt werden. Bei Dielenböden, die sich unter Belastung durchbiegen, besteht aufgrund der Bewegungen des Holzes aber immer die Gefahr, dass eine genagelte Verbindung mit der Zeit locker wird.

1 Mittig über den Trägerbalken das alte Dielenstück durchsägen. Die Stichsäge mit Pendelhubeinstellung im „Tauchschnitt" ins Holz einsenken und vorschieben.

2 Die untere Nutwange der Ersatzdiele wird mit einem scharfen Beitel/Stemmeisen abgetrennt. So lässt sie sich einfach einpassen.

3 Spanplattenschrauben fixieren die neue Diele auf den Trägerbalken.

4 Dielen mit Nut und Feder sowie mit glatten Kanten.

Optimalen Halt bieten Spanplattenschrauben. Man wählt Schrauben von fünf Millimeter Durchmesser und 60 Millimeter Länge. Das Gewinde darf nicht bis zum Schraubenkopf durchgehen. Das Stück zwischen Kopf und oberem Gewindeende sollte der zylindrische Kerndurchmesser sein. Solche Schrauben drehen sich im Bereich der Diele glatt durch und ziehen dabei das Brett fest auf den Trägerbalken. Soll ein Dielenboden abgeschliffen und versiegelt werden (→ Seite 78), muss man die Schraubenköpfe ausreichend tief versenken, damit sie später nicht vom Schleifmittel erfasst werden und es beschädigen. Besser ist in diesem Fall das Vernageln der Diele, weil sich die Löcher versenkter Nägel leichter zuspachteln lassen.

5 Lose oder hervorstehende Nägel werden mit einem Dorn (Versenker) drei bis vier Millimeter tief in das Holz versenkt.

6 Beim neuen Vernageln werden die Stifte im spitzen Winkel zueinander eingeschlagen. So widersteht die Verbindung deutlich höheren Auszugskräften.

7 Wenn eine besonders stabile Verbindung erforderlich ist, verwendet man Spanplattenschrauben mit Teilgewinde. Sie ziehen die Dielen fest an die Trägerbalken heran.

DIELENBÖDEN SCHLEIFEN UND VERSIEGELN

SIE BRAUCHEN für das Schleifen und Versiegeln von Dielenböden:

- Walzenschleifer
- Rotationsschleifer
- Flacher Seitenschleifer
- Schleifpapier
- Feinstaubmaske
- Elektroschaber
- Spachtel
- Hammer, Senker
- Reinigungsmaterial
- Versiegelungslack

TIPP: ATEMSCHUTZ

Benutzen Sie eine Feinstaubmaske, um beim Abschleifen nicht der hohen Staubbelastung ausgesetzt zu sein.

Weil Dielenböden früher als wenig attraktiv galten, hat man sie meist mit rotbrauner Farbe lackiert und nach Möglichkeit mit Teppichen abgedeckt. Es lohnt sich jedoch, solche Böden abzuschleifen, um ihre natürliche Schönheit freizulegen.

Damit Holzdielen erfolgreich von alten Lackschichten befreit werden können, braucht man professionelle Schleifmaschinen. Der Parkettfachhandel, Werkzeugverleiher und Baumärkte vermieten diese Geräte tageweise.

NOTWENDIGE VORARBEITEN

Bevor es ans Schleifen geht, werden die Dielen auf Beschädigungen untersucht. Angefaulte oder gebrochene Bretter sind auszutauschen. Alle Nägel werden dann mit einem passenden Dorn versenkt. Lose Bretter sind zusätzlich neu zu vernageln (→ Seite 75). Ist dies geschehen, werden grobe Verunreinigungen wie Reste aufgeklebter Teppichböden mit dem Spachtel oder einem Elektroschaber entfernt. Während der Arbeit sollten Sie eine Feinstaubmaske tragen.

DREI GÄNGE MIT DEM WALZENSCHLEIFER

Der Walzenschleifer ist die Maschine fürs Grobe: das Entfernen alter Lackschichten. Wegen seiner hohen Abtragsleistung muss man den Walzenschleifer gleichmäßig in Verlegerichtung und diagonal zu den Dielen führen.

Mit dem Walzenschleifer werden drei Schleifgänge durchgeführt. Für den ersten Schleifgang parallel zur Dielenlaufrichtung wird 20er oder 24er Schleifpapier aufgezogen. Für den folgenden Diagonalschliff wählt man das 36er oder das 40er Papier.

Beim dritten und letzten Schleifgang in die andere Diagonalrichtung kommt dann 60er oder 80er Papier zum Einsatz.

Wichtig: Mit jeder Körnung muss immer die gesamte Fläche bearbeitet werden. Der Walzenschleifer darf niemals bei laufendem Motor auf der Stelle stehen bleiben. Er würde sofort eine Delle in den Boden schleifen.

In Eck- und Randbereichen, die der große Walzenschleifer nicht erreichen kann, setzt man einen kleineren Seitenschleifer ein, der aufgrund seiner geringen Bauhöhe auch unter Heizkörper passt.

FUGEN UND LÖCHER SCHLIESSEN

Nach der Vorarbeit mit Walzenschleifer und Seitenschleifer wird die Oberfläche auf Schäden überprüft. Eventuelle Fehlerstellen werden nach dem Grobschliff ausgekratzt und der gesamte Boden mit dem Staubsauger gründlich gereinigt. Aus feinem Schleifstaub des letzten Grobschleifgangs und Versiegelungslack mischt man eine Paste, mit der die Schadstellen aufgefüllt werden. Für größere Fehlerstellen wird der Schleifstaub mit Holzleim angemischt.

FEINSCHLIFF UND OBERFLÄCHENBEHANDLUNG

Anschließend geht es an den Feinschliff mit einem Rotationsschleifer. Dieses Gerät verwischt die jetzt noch sichtbaren relativ groben Schleifspuren. Zuletzt erhalten die Dielen eine Oberflächenbehandlung, die dem Holz Glanz verleiht und es gleichzeitig schützt. Sehr beliebt ist Versiegelungslack, wie er auch für Parkett verwendet wird. Alternativ sind auch Öl oder Wachs bzw. Kombinationsprodukte daraus einsetzbar. Dann bleibt die Oberfläche diffusionsoffen.

TIPP: FUGEN

Spalten über fünf Millimeter Breite werden geschlossen, indem ein Stück gleicher Holzart eingeleimt und so weit in die Fuge getrieben wird, dass es nahezu bündig mit der Oberfläche liegt. Der Rest wird abgeschliffen.

TIPP: WERKZEUGE LEIHEN

Große Maschinen, die Sie vielleicht nur ein einziges Mal benötigen, können bei Leihfirmen, in Baumärkten oder beim Fachhändler ausgeliehen werden. Der Preis liegt selbst bei einer mehrtägigen Benutzung noch unter dem Anschaffungspreis und nach Beendigung der Arbeiten muss man das sperrige Gerät nicht bei sich verstauen.

1 Das typische Erscheinungsbild älterer, mit rotbrauner Farbe lackierter Dielenböden.

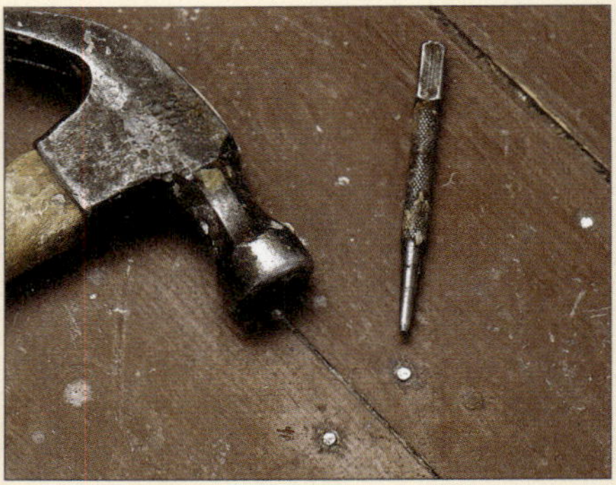

2 Vor dem Abschleifen müssen alle Nagelköpfe mindestens zwei Millimeter tief versenkt werden.

3 Ein solcher Walzenschleifer entfernt alle alten Farbschichten und gleicht die Höhenunterschiede der Dielen untereinander aus.

4 In Randbereichen und unter Heizkörpern kommt der flache Seitenschleifer zum Einsatz.

5 Nach dem Grobschliff werden alle Fehlstellen im Dielenbelag verspachtelt. Man mischt dazu feinen Schleifstaub mit Parkettlack oder Holzleim.

6 Die pastöse Masse wird in die Löcher und Fugen gespachtelt. Danach über Nacht durchhärten lassen.

7 Am nächsten Tag erfolgt der Feinschliff mit einem Rotationsschleifer. Dieses Gerät lässt sich auch mit einer Polierscheibe ausrüsten, um beispielsweise eine Öl-/Wachsvergütung in das Holz einzuarbeiten.

8 Zum Schluss wird je nach Geschmack der geschliffene Boden mit Parkettlack versiegelt oder wie hier mit einer Mischung aus Öl und Wachs behandelt.

DIELEN UND PARKETT AUSBESSERN

SIE BRAUCHEN für das Ausbessern von Parkett und Laminat:

- Feuchtes Tuch
- Bügeleisen
- Breiten Beitel/ Stemmeisen
- Spachtel
- Stahlwolle
- Möbelpolitur
- Wachsstangen/ Schellack
- Versiegelungslack

Böden aus Dielen oder Parkett sind fußwarm und wohnlich. Holz ist jedoch empfindlicher als Stein oder Kunststoff.

Kleine Kratzer oder Dellen in Holzböden lassen sich meist ohne großen Aufwand mit einem feuchten Tuch und einem Bügeleisen reparieren. Ein probates Mittel, leichte Kratzer unsichtbar zu machen, ist die Behandlung mit Möbelpolitur.

Bei tieferen Kratzern empfiehlt es sich, Schellack oder Holzwachs im passenden Farbton aufzutragen. Über einer Feuerzeugflamme wird die Reparaturmasse zum Schmelzen gebracht und mit einem Spachtel oder der Klinge eines breiten Beitels/Stemmeisens in die Vertiefung eingedrückt. Durch Nachpolieren wird die Schadstelle meist fast unsichtbar.

Bei größeren Schäden hilft nur der Austausch von einzelnen Elementen oder das Abschleifen und Neuversiegeln der gesamten Fläche.

TIPP KRATZER IN DER VERSIEGELUNG

Wenn sich Kratzer in der Versiegelung nicht wegpolieren lassen, ist die Stelle leicht anzuschleifen und mit verdünntem Versiegelungslack nachzubehandeln. Dabei nach Möglichkeit den Originallack verwenden. Die Übergänge rund um die Reparaturstelle poliert man anschließend mit feinster Stahlwolle und dann mit Möbelpolitur nach.

1 Bei Dellen und Druckstellen in Dielen und Parkett lässt ein gezieltes Anfeuchten die Holzfasern wieder aufquellen. Besonders wirksam ist ein feuchtes Tuch, das mit einem heißen Bügeleisen auf den Untergrund gedrückt wird.

2 Tiefer gehende Kratzer werden mit Schellack oder Wachsstangen im passenden Farbton zugespachtelt und dann poliert.

3 Ist die Versiegelung eines Parkettbodens punktuell beschädigt, schleift man die betreffenden Stellen leicht an und trägt verdünnten Versiegelungslack auf.

FERTIGPARKETTELEMENTE AUSTAUSCHEN

Fertigparkett wie auch Laminatboden besteht meist aus Elementen, die schwimmend auf einer elastischen Zwischenlage verlegt wurden. Ist hier die Oberfläche punktuell stark beschädigt, kann ein ganzes Element getauscht werden.

Voraussetzung für die Reparatur ist, dass es noch Austauschelemente in Reserve gibt. Daher sollten bei jeder Neuverlegung ein paar ganze Bretter und auch einige Reststücke aufgehoben werden. Parkettelemente für die schwimmende Verlegung greifen an ihren Längs- und Stirnseiten mit Nut und Feder oder durch ein Clicksystem ineinander.

Benachbarte Parkettelemente dürfen auf keinen Fall beschädigt werden. Ideal zum Aussägen oder besser Ausfräsen des beschädigten Elements ist eine Schattenfugen-

SIE BRAUCHEN

für das Austauschen von Fertigparkettelementen:

- Zollstock
- Schattenfugenfräse
- Hammer
- Verschiedene Beitel/Stemmeisen
- Holzleim
- Fertigparkettelement
- Gewichte (Steine)

fräse, deren Arbeitstiefe genau auf die Materialdicke des Parketts oder Laminats eingestellt werden kann. Ansonsten geht es auch mühsamer in Handarbeit mit Hammer und Stechbeitel.

NUTEN UND FEDERN SÄUBERN

Die verbleibenden Randstreifen werden, nachdem das Abfallholz herausgetrennt wurde, Stück für Stück gelöst. Bei dieser Arbeit zeigt sich, wie gut die Fugen bei der Verlegung verleimt wurden. Nuten und Federn der Nachbarele-

1 Solche Beschädigungen können entstehen, wenn schwere Gegenstände auf den Boden fallen oder Möbel verrückt werden.

2 Die beschädigte Stelle wird umlaufend mit etwa 2 cm Abstand zu den Außenkanten des Brettes herausgesägt bzw. -gefräst.

3 Nut und Feder müssen anschließend sorgfältig von allen verbliebenen Leimresten befreit werden.

4 Mit einem breiten Beitel/Stemmeisen wird der Randstreifen Stück für Stück gelöst. Dabei eine weiche Unterlage benutzen.

mente dürfen nicht beschädigt werden, sind aber dennoch sorgfältig zu säubern.

DAS ERSATZELEMENT ZUSCHNEIDEN

In die nach den Vorbereitungsarbeiten entstandene rechteckige Öffnung im Parkett- bzw. Laminatbelag wird nun das Reparaturelement eingesetzt. Damit es sich problemlos und passgenau in den vorhandenen Verband einfügen lässt, sollte es entsprechend der unten gezeigten Bildfolge vorbereitet werden.

5 Am Ersatzelement wird die Längsfeder sauber abgetrennt. Nur die Stirnfeder bleibt erhalten.

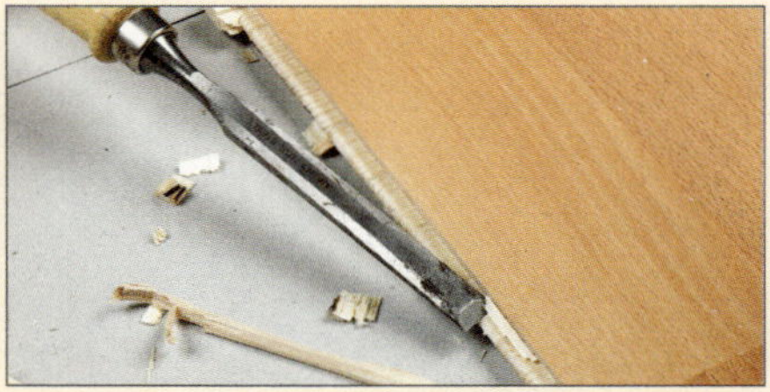

6 An den beiden genuteten Kanten muss man die jeweils untere Nutwange entfernen, damit sich das Element einfügen lässt.

7 Unter Leimzugabe wird das vorbereitete Reparaturelement in die Lücke eingesetzt, auf der Nutseite fest angedrückt und bündig eingefügt.

8 Herausquellenden Leim sofort mit einem feuchten Lappen abwischen. Über Nacht mit Steinen beschweren.

SIE BRAUCHEN für das Erneuern der Nutzschicht an einem Fertigparkettelement:

- Band-/Schwingschleifer
- Hammer
- Beitel/Stemmeisen
- Cutter
- Schaber
- Ersatzfries
- Holzleim
- Parkettversiegelung

NUTZSCHICHT AN FERTIGPARKETT-ELEMENT ERNEUERN

Hersteller von Markenfertigparkett bieten zum Teil einzelne Stäbe der Nutzschicht als Reparaturelemente an. In diesem Fall wird nur der beschädigte Stab – vom Fachmann Fries genannt – herausgelöst und das neue Teil eingeleimt. Beim Entfernen eines beschädigten Frieses ist es wichtig, die angrenzende Nutzschicht nicht zu beschädigen. Man löst das Teil heraus, entfernt alle Leimreste aus dem „Bett" des alten Parkettstabs und setzt das Ersatzstück ein. Die Oberfläche muss im Reparaturbereich geschliffen und neu versiegelt werden.

1 Nach Durchtrennen der Versiegelung mit einem Cutter wird das beschädigte Fries herausgestemmt.

2 Nun liegt die Mittellage des Fertigparketts frei. Ein Schaber entfernt Leimreste.

3 Die Mittellage und das Ersatzstück auf der Rückseite mit Holzleim bestreichen und einfügen.

RANDLEISTEN AUSWECHSELN UND REPARIEREN

SIE BRAUCHEN für das Auswechseln und Reparieren von Randleisten:

- Gehrungssäge
- Schraubendreher
- Schleifmittel
- Cutter
- Ersatzleisten

Bei einem Umzug oder beim Umstellen von Möbeln ist es schnell einmal geschehen: Die Randleiste wird beschädigt. Kleine Macken lassen sich mit Politur oder passendem Holzwachs bzw. etwas Lack beheben.

Ansonsten muss man die Schadstelle heraussägen und erneuern. Wenn kein Reststück mehr zu bekommen ist, das man zum Austauschen benutzen kann, kann man ein Stück hinter der Couch oder einem Schrank herausnehmen.

Beim Abnehmen oder Abhebeln der Leisten kann es passieren, dass die Leiste bricht, Wandputz abfällt, Tapete hän-

4 Das Fries andrücken, bis es bündig abschließt. Dann über Nacht beschweren, zum Beispiel mit einem Stein.

5 Am nächsten Tag die Reparaturstelle mit einem Schwing- oder Bandschleifer bis in die Versiegelung der angrenzenden Fertigparkettstäbe schleifen.

6 Beim Neuversiegeln streicht man den Lack an den Rändern vorsichtig aus, damit keine sichtbaren Übergänge entstehen.

genbleibt oder Nägelköpfe sich durch das Holz ziehen. Mit einem scharfen Schnitt waagerecht oberhalb der Leistenkante vor dem Entfernen der Leiste kann man die Tapete retten.

Wichtig bei Randleisten: Übergänge fallen nicht so sehr ins Auge, wenn man die Leisten mit 45-Grad-Gehrungen versieht. Deshalb wird unbedingt eine Gehrungssäge oder zumindest eine Gehrungslade mit passender Feinsäge benötigt. Das passende Ersatzstück ist auszumessen und einzufügen, nachdem die aufgetrennten Leistenstücke wieder befestigt sind. Beim Wiederbefestigen empfiehlt es sich dann zu schrauben (für die evtl. notwendige nächste Reparatur). Das Ersatzstück wird nur mit etwas Leim oder durch Verdübeln befestigt.

1 Diese Beschädigung fällt sofort ins Auge. Mit Farbe oder Holzwachs ist sie nicht mehr zu kaschieren – also muss ein Ersatzstück eingefügt werden.

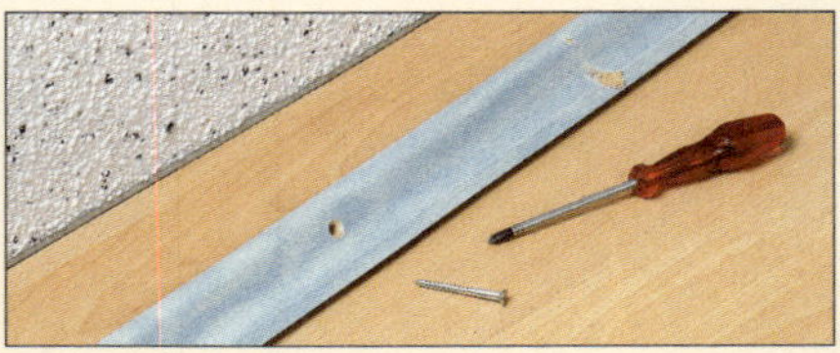

2 Im Idealfall sind nur die Befestigungsschrauben der Leiste zu lösen.

3 Mit zwei paralellen Gehrungsschnitten im Winkel von 45 Grad wird die schadhafte Stelle herausgetrennt.

4 Wenn die beiden Leistenstücke wieder an der Wand befestigt sind, fügt man das Ersatzstück ein.

KNARRENDE HOLZTREPPE REPARIEREN

Viele alte Holztreppen sind von der Zeit gezeichnet und knarren bei der Belastung einzelner Stufen. Abhilfe lässt sich dadurch schaffen, dass man wieder feste Verbindungen herstellt oder einen dünnen Keil unter die Trittstufe treibt.

Das Knarren bei alten Treppen entsteht häufig dadurch, dass sich Trittstufen beim Betreten an anderen Treppenteilen reiben. Meist hat sich die waagerechte Trittstufe stellenweise von der senkrechten Setzstufe gelöst. Ursache dafür ist das Verziehen oder Schwinden des Holzes. Beim Betreten biegt das lockere Teil durch und federt nach Entlastung wieder hoch.

Um das Problem zu beheben, muss man zunächst die Stelle ausfindig machen, an der das Geräusch entsteht. Am besten geht das mit einem Helfer, der die Treppe hinaufsteigt. Dabei achtet man genau darauf, wo Geräusche entstehen und wo sich das Holz hebt und senkt. Lässt sich nur eine leichte Bewegung ausmachen, reicht es, an dieser Stelle im spitzen Winkel zueinander zwei Schrauben einzudrehen. Bei stärkeren Bewegungen sollten dünne Keile eingesetzt werden. Meist reichen solche von oben durchgeführten Reparaturen bereits aus.

Bei Treppen, die von unten zugänglich sind, empfiehlt sich eine einfache Reparaturvariante, die keine sichtbaren Spuren hinterlässt: In die Verbindung zwischen Setzstufe und der Vorderkante der Trittstufe – an der am häufigsten Knarrgeräusche entstehen – werden zusätzliche Rippen unter Leimzugabe verschraubt.

SIE BRAUCHEN
für die Reparatur einer knarrenden Holztreppe:
- Akkuschrauber
- Stichsäge
- Holzklötze/Rippen
- Keile
- Holzleim

NEUE RIPPEN EINSETZEN
Wenn von der Unterseite der Treppe zusätzliche Rippen eingeleimt und verschraubt werden, erhöht dies die Stabilität der Verbindung der Trittstufen. Die Maserung der Rippen muss dabei diagonal zur Senkrechten verlaufen.

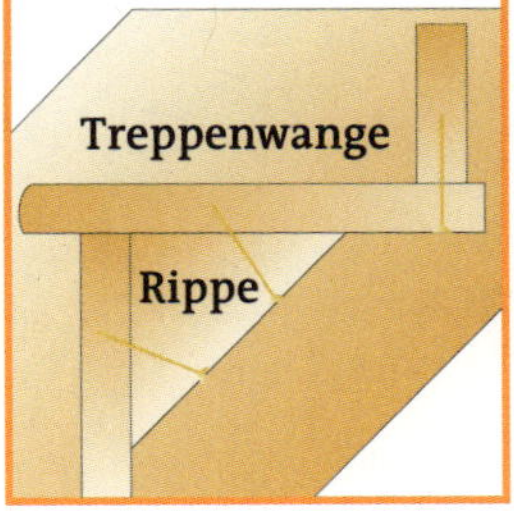

TREPPENBELÄGE ERNEUERN

SIE BRAUCHEN für das Erneuern von Treppenbelägen:

- Stichsäge
- Bohrschrauber
- Zollstock
- Wasserwaage
- Montagekleber
- Fertigparkett-/ Laminatelemente
- Aluminiumprofile

Die Trittstufen stark beanspruchter Treppen weisen mit der Zeit Flecken, Kratzer und Dellen auf. Sie können auch gesplittert oder an der Lauflinie besonders stark abgetreten sein. Als Alternative zum kompletten Austausch der Stufen gibt es Renovierungsprofile aus Aluminium, die es erlauben, Tritt- und Setzstufen mit handelsüblichen Fertigparkett- oder Laminatelementen zu verkleiden.

AUSTAUSCH VON TRITTSTUFEN

Bei nahezu allen Treppenarten lassen sich Trittstufen einzeln auswechseln. Ausnahmen sind beispielsweise geschweifte Antrittstufen. Bei ihnen muss der Handlauf abgenommen und der Antrittpfosten mit erneuert werden. Bei Treppen

1 Einige der ramponierten Trittstufen.

2 Mit Hilfe einer Schablone wird die Kontur der ersten Auftrittsfläche auf eine Fertigparkettdiele übertragen und mit einer Stichsäge ausgeschnitten.

3 Montagekleber auf Silikonbasis wird punktförmig aufgetragen. Er sorgt für elastische Haftung und gleicht außerdem Unebenheiten aus.

ohne Teppichbelag sollte die neue Trittstufe möglichst aus dem gleichen Holz (oder zumindest einem sehr ähnlichen) wie die zu ersetzende sein. Bei mit Teppich belegten Stufen reicht ein beliebiges Holz.

Es wird in Größe und Kontur der auszuwechselnden Trittstufe entsprechend zugeschnitten, der Trittvorsprung längs rundgehobelt und glatt geschliffen. Eine Trittstufe wird – sofern möglich – von oben ausgetauscht. Ist die Treppe von unten zugänglich, können von hinten Klötze als Eckverbinder zwischen Tritt- und Setzstufe eingeleimt und verschraubt werden. Ist dies nicht möglich oder sind mehrere Trittstufen reparaturbedürftig, kann es erforderlich sein, die Trittstufen der gesamten Treppe mit neuen Belägen auszustatten. Erleichtert wird dies durch verschiedene im Handel angebotene Systeme.

TIPP: KOMPLIZIERTE VERBINDUNGEN

Wenn die Verbindungen zwischen den auszutauschenden Stufen gefälzt oder genutet und gefedert sind, ist dies beim Zuschneiden der Breite zu berücksichtigen. Entsprechend wird die neue Trittstufe dann ebenfalls genutet oder gefälzt. Sind Sie sich unsicher, sollten Sie einen Schreiner/Tischler um Hilfe bitten.

4 Nun die neue Auftrittsfläche auflegen und durch leichtes Hin- und Herschieben fest in das Kleberbett drücken.

5 So wird die Setzstufe ausgemessen und ein entsprechender Streifen Fertigparkett zugeschnitten.

6 Zur Befestigung wird wiederum Silikonkleber verwendet. →

ALUMINIUMPROFIL UND MASSIVHOLZ

Bei dem hier gezeigten System schneidet man für jeden Auftritt ein passendes Stück aus einer Fertigparkettdiele zurecht. Dabei hilft eine Schablone aus Pappe oder Papier. Das eigentliche Renovierungssystem besteht aus einer Kombination aus massivem Aluminiumprofil und einer Blende aus Massivholz. Das Profil bildet die neue Stufenkante. Mit seiner zum Auftritt weisenden Nase fasst es die Trittfläche ein, die man zuvor mit Parkett oder Laminat verkleidet hat. Geringe Unebenheiten der alten Auftrittsfläche werden durch einen Montagekleber ausgeglichen, den man aus der Kartusche auf der Stufe verteilt. Bei sehr stark ausgetretenen Trittstufen muss vorher elastisch aushärtende Spachtelmasse aufgetragen werden.

7 Stark abgerundete Trittstufenkanten muss man mit der Stichsäge kappen, damit das Renovierungsprofil eine gerade Auflagefläche findet.

8 Hier wird das Profil gegengeschraubt. Seine Nase fasst die neue Auflage der Trittstufe ein. Zuletzt wird die zum System gehörende Blende aus Massivholz in das Aluprofil eingeklemmt.

9 Der Parkettbelag des Obergeschosses wird auf der Treppe weitergeführt. So präsentiert sich der gesamte Bereich in einem einheitlichen Bild.

HOLZVERKLEIDUNGEN AUSBESSERN

Holzpaneele können aus Weich- oder Harthölzern hergestellt sein. Je weicher das Material ist, desto anfälliger sind die Paneele – vor allem für Druckbelastungen. Unbehandelt, das heißt ohne Oberflächenbehandlung, reagieren sie außerdem empfindlich auf alle Substanzen, die Flecken verursachen können. Täfelungsplatten bestehen meist aus einem Spanplatten-, Hartfaser- oder Sperrholzkern, auf den entweder ein Echtholzfurnier geklebt/geleimt oder eine Kunststofffolie mit Holzmaserung kaschiert ist. Die Platten sind aufgrund ihres Aufbaus leichter entflammbar und stoßempfindlicher als Gipskartonplatten und meist auch teurer als diese.

SCHÄDEN BEHEBEN

Kratzer lassen sich bei Paneelen meist mit einem farblich passenden Holzkitt fast vollständig kaschieren.

Flecken sind je nach Substanz und Eindringtiefe kaum noch zu entfernen. Oft hilft nur der Austausch des betroffenen Bretts. Druckstellen werden erst vorgenässt und dann mit dem Bügeleisen bearbeitet (→ Bilder Seite 94).

Bei Täfelungsplatten mit Folie sind Kratzer kaum zu entfernen. Auf Furnier können sie mit einer passenden Beize verdeckt werden. Ist die Oberfläche der Platte nicht durchgestoßen, hilft oft ein farbloses oder eingefärbtes Wachs, das mit einem Tuch hineingerieben wird. Tiefere Schäden werden mit Holzkitt oder Holzspachtel in der passenden Farbe gefüllt.

Manche Platten dunkeln mit der Zeit nach oder bleichen durch Lichteinfluss aus. Hängen dann Bilder an der Wand, bleiben nur diese Flächen dahinter farblich unverändert. Das lässt sich kaum vermeiden oder wenigstens weitge-

SIE BRAUCHEN für das Ausbessern von Holzverkleidungen:

- Schnitz-Halbröhre
- Spachtel
- Holzkitt
- Bügeleisen
- Fusselfreien Lappen
- Evtl. Farbe oder Politur

TIPP: DÜNNE TÄFELUNGEN

Wegen ihrer geringen Materialdicke ist hier Vorsicht geboten, bei der Beseitigung von Schäden nicht noch größeren anzurichten. **Brandschutzfachleute** warnen zudem davor, dünne Täfelungsplatten etwa in Küchen großflächig auf Kanthölzern oder Latten zu verlegen: Sie bieten einen sehr geringen Feuerwiderstand.

hend unterbinden – zumindest kann man die Übergänge zwischen den nachgedunkelten beziehungsweise ausgebleichten und unverändert gebliebenen Flächen mildern. Dazu werden auf der Rückseite des Bilderrahmens vier (oder mehr) Reißbrettstifte oder Pinnägel in die Ecken gedrückt, sodass zwischen Bild und Wand ein Spalt von einigen Millimetern entsteht.

1 Auch lange, nachdem Holz verbaut wurde, können sich noch Harzgallen bilden.

2 Mit einer Halbröhre (Schnitzwerkzeug) muss sowohl das äußere Harz als auch das Zentrum des Flusses entfernt werden.

3 Erst wenn sich keine Harzgallen mehr zeigen und die Stelle gut abgetrocknet ist, wird sie mit dem farblich passenden Holzkitt geschlossen.

1 Solche Druckstellen auf Weichholzpaneelen lassen sich einfach beheben. Zunächst wird die Stelle vorgenässt, das Holz quillt auf.
2 Mit einem Bügeleisen (Stufe: ein Punkt) wird die nasse Stelle flächig getrocknet. Dabei das gequollene Material zurückdrücken.

SPEZIELLE PFLEGE BEI MÖBELN

Bei der Möbelpflege muss ganz besonderen Anforderungen entsprochen werden. Neben schwer zu reinigenden Verzierungen finden sich hier auch Materialien, die nicht aus Holz sind: beispielsweise Textil- oder Lederbezüge.

Achten Sie beim Kauf von neuen Möbeln darauf, dass entsprechende Pflegehinweise vom Hersteller gegeben werden. Sind die Pflegeanleitungen nicht vorhanden, können Sie diese vom Fachhändler in Erfahrung bringen.

Die Reinigungsmittel sind den spezifischen Eigenschaften der Oberflächen anzupassen. Schlecht zugängliche Stellen werden mit einem Staubsauger (schmale Düse) gereinigt, Möbel mit offenporigen Holzoberflächen mit einem weichen Tuch.

Für lackierte und beschichtete Oberflächen eignen sich Wischleder oder ein fusselfreies Tuch, Wasser und etwas Spülmittel. Behandelt wird aber nur leicht feucht, niemals nass. Sprühreiniger eignen sich nur bedingt, weil sie schwierig zu dosieren, kaum gezielt einzusetzen und oft weniger umweltfreundlich sind.

TIPP: UMWELTFREUNDLICHE PFLEGEMITTEL

Beim Kauf sollten umweltfreundliche Pflegemittel bevorzugt werden. Pumpzerstäuber sind ökologisch verträglicher als Sprühdosen mit einem Treibgas. Ein sparsamer Verbrauch schont Umwelt und Geldbeutel.

Meiden Sie ebenso Reinigungs- und Bleichmittel, die Chlor enthalten. Sie wirken aggressiv und sind sowohl bei der Herstellung als auch beim Entsorgen besonders umweltschädlich.

Beachten Sie die Herstellerangaben, für welche Oberflächen die Pflegemittel jeweils geeignet sind.

Die Ideallösung bei strukturierten Oberflächen ist das Entfernen von Lager- und Transportstaub mit Druckluft. Die für den Heimwerker realistischere Alternative: Pinsel oder Staubsaugerbürste.

Besonders empfindliche Oberflächen sollten nur mit Pinsel und/oder weichem Lappen behandelt werden.

FLECKEN ENTFERNEN BEI TEXTILBEZÜGEN

SIE BRAUCHEN für das Entfernen von Flecken aus Textilbezügen:

- Destilliertes Wasser
- Geeignetes Reinigungsmittel
- Staubsauger

Wie bei Holz gilt auch hier: Je schneller ein neu entstandener Fleck behandelt wird, umso besser lässt er sich entfernen. Oft genügt schon lauwarmes Wasser – am besten destilliert. Hartes, kalkreiches Leitungswasser kann weiße Trocknungsränder hinterlassen.

Bei allen Reinigungsmitteln – auch bei Wasser – müssen Sie deshalb zuerst an einer nicht sichtbaren Stelle eine Probe machen. Nicht jedes Gewebe verträgt jedes Mittel. Reinigungsmittel werden auf unterschiedliche Weise aufgetragen und Flecken mit verschiedenen Techniken wie zum

Beispiel durch Einweichen, mit einem Schwamm, durch Ausspülen oder Abtupfen beziehungsweise Abschaben entfernt.

Die Art der Behandlung hängt auch von der Stelle ab, an der der Fleck aufgetreten ist. Wenn beispielsweise eine gepolsterte Sessellehne betroffen ist, sind Ausspülen oder Einweichen ungeeignet. Beide Techniken durchnässen das Material so stark, dass sich der Bezugsstoff verfärben und bei zu schlechten Trocknungsbedingungen schimmeln kann. Besser geeignet sind aufsprühbare Polsterschäume; Teppichschäume erfüllen den gleichen Zweck und sind aufgrund der größeren Gebinde preiswerter. Die im Handel erhältlichen Trockenschaumreiniger bieten den Vorteil, dass das Gewebe nur schwach angefeuchtet wird und ein Nachwaschen oder Spülen nicht erforderlich ist.

Wenn sich beim Entfernen Ränder bilden, empfiehlt es sich, nach guter Trocknung die ganze Fläche mit Trockenschaum zu reinigen.

1 Der Reinigungsschaum wird direkt auf den Polsterbezug aufgesprüht.

2 Nach der vorgeschriebenen Einwirkzeit nimmt der Staubsauger (mit Polsterdüse) alle Schmutzrückstände ab.

FLECKEN ENTFERNEN BEI GLATTLEDER

SIE BRAUCHEN für das Entfernen von Flecken bei Glattlederbezügen:

- Lederbalsam, -fett
- Fusselfreie Lappen

TIPP: MIT GEDULD

Reinigungsmittel müssen einige Zeit einwirken, um ihre volle Wirkung entfalten zu können. Und ein mehrfaches leichtes Auftragen bringt oft bessere Ergebnisse als ein einmaliges massives Vorgehen. Verzichten Sie aber auf „ganz tolle Hausmittel": Sie schaden meist mehr als sie nutzen.

Die Lederbezüge der heute hergestellten Sitzmöbel sind – zumindest bei Qualitätsprodukten – mit einem Oberflächenschutz ausgerüstet. Er verhindert weitgehend, dass Flecken zu irreparablen Schäden werden. Ausgenommen sind natürlich Brandflecken.

Pflegen und reinigen Sie Ihre Ledermöbel immer vorsichtig und schonend. Aggressive Mittel wie Fleckenentferner, Lösungsmittel, Bohnerwachs, Terpentin, Benzin und auch Schuhcreme sollten vermieden werden. Die unterschiedlichen Lederarten erfordern jeweils eine spezielle Oberflächenbehandlung, die Sie im Fachhandel in Erfahrung bringen können. Eine im Inland gebührenfreie telefonische Beratung 0800/555 333 7 und ausführliche Informationen online bietet die Lederzentrum GmbH an (www.lederzentrum.de).

1 Mit Lederbalsam sind leichte Flecken auf Lederbezügen gut zu beseitigen, zusätzlich wird die Oberfläche dauerhaft geschützt.

2 Bei stärkeren Verunreinigungen hilft ein farbloses Lederfett. Durch das Auftragen wird das Leder außerdem geschmeidiger.

BESCHÄDIGTE HOLZ-OBERFLÄCHEN GLÄTTEN

Damit Ausbesserungen an beschädigten Holzoberflächen möglichst wenig auffallen, wird eine Reparaturwachsstange benötigt, die dem hellsten Holzton entspricht. Dazu kommt eine Tube Künstlerfarbe, die den dunkelsten Ton der Maserung trifft. Da Wasserfarbe schlecht auf dem Wachs haftet, sollte Ölfarbe verwendet werden.

Wenn sich die schadhafte Stelle nach dem Auskratzen nicht vollständig säubern lässt, hilft entweder das Auspinseln mit Terpentinersatz oder ein Staubsauger mit Feindüse. Das Wachs wird mit etwas Überstand zur umgebenden Fläche in die Vertiefung geträufelt, nach dem Aushärten mit einer Rasierklinge flächenbündig abgezogen und anschließend mit dem Finger sorgfältig glatt gestrichen.

Das Nachbilden der Maserung erfordert eine spezielle Maltechnik. Der feine Pinsel wird in die frisch aus der Tube gedrückte Farbe getaucht und auf Papier abgestreift, bis die Borsten fast wieder trocken sind. Jetzt folgen fedrige Striche, die die Maserung des umgebenden Holzes wieder schließen (→ Seite 100). Damit die Ausbesserung haltbar bleibt, erhält die Stelle einen dünnen, zur Fläche passenden Sprühlacküberzug.

TIPP: LÖSEMITTEL?

Bei der Verwendung von Lack aus der Spraydose ist für **intensive Lüftung** im Raum zu sorgen. Löschen Sie offene Flammen und verzichten Sie unbedingt auf das Rauchen in diesem Zimmer.

SIE BRAUCHEN

für das Beseitigen von Kratzern:

- Cutter
- Kleinen Spachtel
- Malpinsel
- Reparaturwachs
- Wasser- oder Ölfarbe
- Klaren Sprühlack

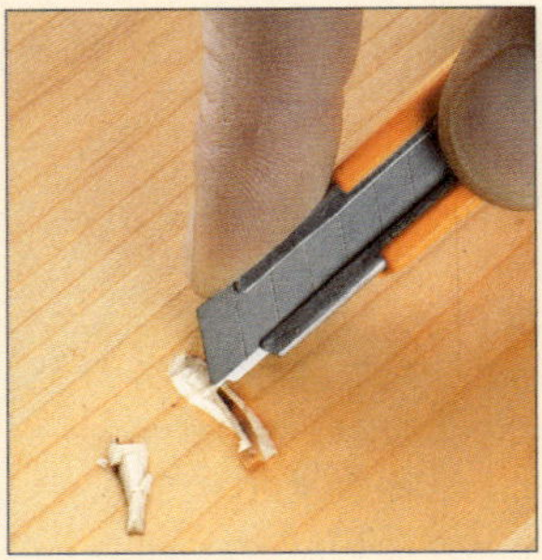

1 Zum Ausbessern einer beschädigten Oberfläche (zum Beispiel Brandstelle) wird das zerstörte Material mit einem Cutter vollständig entfernt und die Vertiefung sorgfältig gesäubert.

2 Um die Vertiefung ganz auszufüllen, wird die Messerklinge erhitzt, die Wachsstange gegen die Klinge gehalten und die schadhafte Stelle reichlich voll getropft.

3 Mit einem feinen Malpinsel und farblich passender Künstlerfarbe erfolgt nun das Nachzeichnen der verloren gegangenen Maserung.

SIE BRAUCHEN für das Erneuern einer abgestoßenen Holzkante:

- Eckzwingen oder einfache Modellzwingen und Holzkeile
- Kleinen Spachtel
- Zulagen, Leiste(n)
- Füllmaterial/ Reparaturpaste
- Kerzenwachs

ABGESTOSSENE HOLZKANTEN ERNEUERN

Möbel ziehen manchmal Beschädigungen geradezu an. Insbesondere auf Tischplatten scheint dies zuzutreffen. Abgesplitterte Kanten oder Ecken sind – neben Kratzern und Druckstellen – die am häufigsten auftretenden Schäden.

Zum Ausbessern von abgesplitterten Kanten mit einem Füllmaterial wird eine Leiste, die etwas länger ist als der schadhafte Kantenabschnitt, mit Eckzwingen an der Tischplatte fixiert. Die zur Platte gewandte Seite wird mit Kerzenwachs eingerieben, damit sich das Füllmaterial während des Trocknens nicht mit der Leiste verbinden kann. Je nach

Tiefe ist beim Füllen der gesäuberten und entfetteten Schadstelle in mehreren Schichten zu arbeiten, die immer wieder vollkommen abtrocknen müssen. Kleine fehlende Ecken werden auf die gleiche Weise behandelt. Allerdings wird hier ein Winkel aus zwei Leisten an der Tischplatte befestigt. Größere Schäden an Ecken sind mit Reparaturpaste nicht mehr zu beheben. Sofern die Tischplatte den Aufwand noch lohnt, wird die komplette Ecke mit Massivholz erneuert. Damit das später kaum auffällt, wird die schadhafte Stelle so vorbereitet, dass waage- und senkrecht zwei absolut plane Flächen entstehen. Erst jetzt wird das Ersatzstück angepasst; es sollte in Holzart, Farbe und Maserungsverlauf möglichst genau zur Tischplatte passen.

TIPP: HOLZFÜLLER

Da Holzfüller in der Regel beim Trocknen etwas schrumpfen, sollte so viel Material aufgetragen werden, dass es etwas über die umgebende Fläche hinausreicht. Diese Reparaturpasten sind so beschaffen, dass sie sich nach der vorgeschriebenen Trockenzeit mechanisch bearbeiten lassen.

1 Die oberflächenbündig fixierte Leiste dient als simulierte Tischkante für das Füllmaterial und als Führung für den Spachtel.

2 Auch die Winkel der Schrägen von Tischplatte und Ersatzecke sollten unbedingt identisch sein.

3 Wenn die neu eingesetzte Ecke in allen Dimensionen ein wenig Übermaß aufweist, lässt sie sich leichter durch Schleifen exakt an die Oberfläche der Tischplatte anpassen.

UMLEIMER AUSBESSERN

SIE BRAUCHEN
für das Behandeln beschädigter Umleimer und Furniere:

- Cutter, Andrückrolle
- Schmalen Beitel/Stemmeisen
- Bügeleisen
- Umleimer, Furnier
- Schleifklotz
- Kantenschneider

Für das Verarbeiten der selbstklebenden Umleimer ist das Bügeleisen wichtigstes Werkzeug – für das Ablösen beschädigter als auch für das Aufbringen neuer Umleimerstreifen.

Vorsicht: Die zum Lösen des Klebers erforderliche Wärmestufe „Baumwolle" ist für die Finger schon recht unangenehm.

1 Zunächst den Kleber des alten Umleimers mit einem heißen Bügeleisen anlösen und den Umleimer abziehen.

2 Vor dem Aufbügeln des Umleimers muss der Untergrund eben, trocken und staubfrei sein. Unmittelbar nach dem Aufbügeln wird der Umleimer mit einem Schleifklotz etwa 10 Sekunden gleichmäßig angedrückt.

3 Zum Schluss werden die Umleimerkanten mit einem Schleifklotz an die Flächen angepasst. Bei größerem Überstand schneidet ein spezieller Kantenschneider den Umleimer bündig zur Brettkante ab, ohne diesen zu beschädigen.

FURNIERE AUSBESSERN

Viele Möbel bestehen aus einem Blindholzkorpus (Sperrholz, Span- oder Tischlerplatte), der mit einer dünnen Schicht edleren Holzes (dem Furnier) bekleidet ist. Diese Schicht kann beschädigt werden oder sich als Blase vom Korpus lösen.

Befindet sich eine Blase am Rand der Fläche, kann in den Spalt Leim eingebracht, die Blase eben gepresst und der herausquellende Leim sofort abgewischt werden.

1 Eine geschlossene Blase wird mit einem scharfen Cutter kreuzweise und immer schräg zur Faserrichtung eingeschnitten. Nun wird jede entstandene Ecke vorsichtig angehoben, sehr sparsam Leim eingebracht und die schadhafte Stelle eben gepresst.

2 Bei beschädigten Furnierstellen wird zunächst ein Furnierstück (passend in Farbe und Maserung) zugeschnitten und als Markierungshilfe benutzt. Nun innerhalb der Markierung die Schadstelle entfernen und das neue Stück einleimen.

HOLZVERBINDUNGEN STABILISIEREN

Selbst solide gebaute Gebrauchsmöbel halten selten ein Leben lang, weil sie ständig beansprucht werden. Jede Reparatur, die ein Möbelstück wieder brauchbar machen soll, beginnt damit, die Verbindungen, Rahmen und Gestelle neu zu stabilisieren.

VERBINDUNGSTECHNIKEN

Holz arbeitet, auch noch in Brettform. Dies ist bei allen Verbindungen, insbesondere bei solchen aus Massivholz zu berücksichtigen. Holzteile können unlösbar oder lösbar miteinander verbunden werden.

Bei lösbaren Verbindungen halten geeignete Beschläge die einzelnen Elemente zusammen. Unlösbare Verbindungen finden immer mit Leimzugabe statt und sind – sofern sie sich nicht im Laufe der Zeit von selbst lockern – nur

1 Dübelspitzen, die in die vorhandenen Bohrungen eingesteckt werden, dienen zum präzisen Markieren des Gegenstücks.

2 Flachdübel- Verbindungen auf Gehrung erfordern sehr präzises Arbeiten. Die Federn quellen bei Leimzugabe in ihren Nuten auf und halten später so die verbundenen Teile „bombenfest“ zusammen.

durch Zerstörung wieder zu lösen. Die gebräuchlichsten dieser Verbindungen werden hier vorgestellt:

- Stumpfe, gedübelte (Eck-)Verbindungen sind im Möbelbau sehr häufig anzutreffen. Durch die runde Form und die Abstände der Dübel untereinander wird der Querschnitt der zu verbindenden Teile kaum geschwächt. Außerdem lassen sich die Teile bei der Montage präzise zusammenstecken.
- Eckverbindungen mit Flachdübeln sind zwar sehr stabil, aber verhältnismäßig schwierig herzustellen. Einfacher wird es, wenn die Federn in einer Nut liegen, die mit einer Kreissäge herzustellen ist. Das ermöglicht beim Zusammenbau eine begrenzte Positionskorrektur.
- Die Überblattung ist die einfachste Eckverbindung im Rahmenbau, aber nicht besonders haltbar. Bei der Herstellung werden die zu verbindenden Rahmenteile bis zur Hälfte ihrer Materialdicke wechselseitig ausgeklinkt. Diese Verbindung muss geleimt werden. Die Überblattung wird vorwiegend bei einfachen Arbeiten angewendet (z. B. Zierbekleidungen an Zimmertüren, Fliegenfenstern).

TIPP: FUGEN FÜLLEN

Hat eine Holzverbindung durch schlechte Passform eine Fuge, kann sie mit einem Span gleicher Holzart ausgefüllt werden. Ist der Span etwas zu dick, wird er flach geklopft, bis er in die Fuge passt. Leim lässt den Span wieder aufquellen.

3 Von Überblattungen wird gesprochen, wenn zwei wechselseitig ausgeklinkte Hölzer übereinander gelegt zusammengebaut werden.

4 Verbindungen mit Schlitz und Zapfen sind sehr stabil. Sie werden sowohl in der Möbel- als auch in der Bauschreinerei (Türen, Fenster) eingesetzt.

5 Sehr hochwertig und haltbar sind gezinkte Eckverbindungen (hier Fingerzinken).

- Zum Herstellen von Fenster- und Möbelrahmen eignet sich besonders die Schlitz- und Zapfenverbindung. Dabei kann der Zapfen rechtwinklig sowie ein- oder beidseitig auf Gehrung abgesetzt sein. Die aufrechten Rahmenteile erhalten in der Regel Schlitze, die waagerechten Zapfen. Bei besonders belasteten Eckverbindungen oder dicken Rahmenhölzern sind auch Doppelzapfen üblich.
- Das Zinken ist eine mehrfache Verzahnung gerader (Fingerzinken) oder keilförmiger Zapfen, die Zinken oder Schwalbenschwänze genannt werden. Gewählt wird diese Verbindungsart bei Vollholz, da die verbundenen Teile ungehindert quellen oder schwinden, sich aber nicht werfen können. Die gebräuchlichsten Arten sind die einfache Zinkung, die halbverdeckte Zinkung, die Gehrungszinkung und die Fingerzinkung. Diese Verzahnungen können sichtbar von beiden Seiten, nur einer Seite oder ganz verdeckt hergestellt werden. Bei der einfachen und der Fingerzinkung sind alle Zinken beziehungsweise Schwalbenschwänze sichtbar. Bei der halbverdeckten Zinkung sind die Zinken nur von einer Seite zu sehen, bei der Gehrungszinkung überhaupt nicht.

LOCKERE HOLZ-VERBINDUNGEN LÖSEN

SIE BRAUCHEN für das Lösen lockerer Holzverbindungen:

- Hammer
- Zulagen (Holz- oder Korkklotz)
- Schraubzwinge(n)
- Messer

Verbindungen lockern sich meistens bei Möbeln, die dynamischen Belastungen ausgesetzt sind. Das können Stühle, Schubladen oder aber auch Tischbeine sein. Je nach Art der Lockerung ist das Lösen einzelner Teile oder ein komplett neuer Aufbau des betroffenen Möbelstücks erforderlich.

Für den späteren Zusammenbau ist es ratsam, die einzelnen Teile sowohl bezüglich ihrer Anordnung als auch ihrer Lage zu kennzeichnen.

Dann die Leimverbindung wie gezeigt ganz trennen. Dazu wird der betreffende Teil etwas angehoben und mit mehreren leichten Schlägen gelöst. Dabei kann es passieren, dass sich durch die Schläge auch andere Verbindungen in der Umgebung lockern. Empfehlenswert ist dann eher das völlige Trennen aller Einzelteile. Dies kann auch notwendig werden, wenn einzelne Teile so schräg zueinander stehen, dass sich das lockere Teil aufgrund seiner starren Umgebung gar nicht mehr an seine ursprüngliche Position bringen lässt. Der Stuhl (oben links) zeigt diese Situation. Bei einer Tischzarge beispielsweise dürfte dieses Problem kaum auftreten.

TIPP: LEIMRESTE

Alter Leim lässt sich mit einem Messer abschaben. Dabei ist das Messer fast senkrecht zur Leimfläche zu halten, der Messerrücken aber leicht nach vorne in Arbeitsrichtung zu neigen. So schabt die Klinge über die Holzoberfläche. Wichtig ist, nur mit so viel Druck zu arbeiten, dass zwar der Leim entfernt, das Holz jedoch nicht beschädigt wird. Deshalb den Abtrag lieber vorsichtig in mehreren Arbeitsgängen durchführen.

1 Um die Leimverbindung zwischen den Teilen aufzubrechen, unbedingt eine Zulage (Holz- oder Korkklotz) benutzen.

2 Das Fixieren der Zulage mit einer Schraubzwinge lässt eine Hand frei zum Halten größerer Teile – hier eine Tischlängszarge.

3 Auch beim Lösen einer Zinken-Verbindung – hier eine Schublade – sollte zum Schutz der Bauteile auf eine stabile, ausreichend große Zulage nicht verzichtet werden.

SIE BRAUCHEN für das Stabilisieren von Holzverbindungen:

- Schraubendreher
- Schraubzwingen
- Injektionsspritze
- Holzzuschnitte
- Leim

HOLZVERBINDUNGEN NEU STABILISIEREN

Wenn eine sich lockernde Verbindung rechtzeitig erkannt wird, ist das völlige Zerlegen des Möbelstücks meist nicht erforderlich. Dann reicht zum Beispiel bei einer Zapfenverbindung auch eine Reparatur per Injektion in eine exakt eingebrachte Bohrung.

Der Leim ist so lange einzudrücken, bis er zwischen den zu verbindenden Teilen herausquillt. Dann werden die Teile zusammengepresst und der überschüssige Leim sofort mit einem feuchten Lappen abgewischt. Wenn er erst einmal

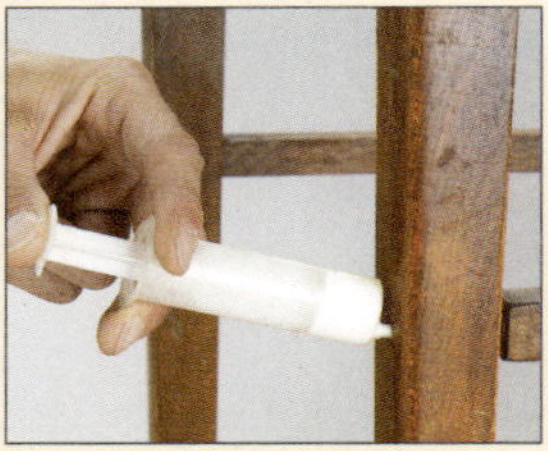

1 Um den Leim injizieren zu können, werden die Teile leicht auseinandergezogen und von der Gegenseite ein Loch gebohrt, das etwas größer als die Spritzenspitze sein sollte.

2 Bei dicken Tischbeinen hilft ein selbst gefertigter, passend zugeschnittener Eckklotz.

3 Verleimen einer Schubladenecke: Dreikantleiste, auf den Pressflächen gewachster Klotz mit 90-Grad-Aussparung und eine Schraubzwinge.

4 Eine Alternative sind Klemmzwingen (zum Beispiel bei Zinken-Verbindungen), die aber über die gesamte Breite reichen müssen.

abgetrocknet ist, wird das Entfernen sehr viel schwieriger und zeitaufwendiger. Bei nicht parallel zueinander stehenden Flächen oder Bauteilen können nicht immer Schraub- oder Klemmzwingen eingesetzt werden. Eine praktische Lösung sind Spannbänder, die sich weitgehend den Konturen anpassen. Sie werden dort angesetzt, wo die Leimstellen liegen. Vor dem Spannen sollten noch einmal die korrekten Positionen aller Teile überprüft werden.

TIPP: KLEBEFLÄCHEN

Voraussetzung für eine neue haltbare Leimverbindung ist das sorgfältige Entfernen der alten Leimreste. Das Holz selbst darf dabei nicht beschädigt werden, denn darunter leidet die Passgenauigkeit der zu verbindenden Teile. Weißleime besitzen wenig Füllkraft. Sie erreichen ihre maximale Belastbarkeit nur, wenn in der Fuge ein starker Pressdruck erzeugt werden kann, und das ist bei größeren Fugen nicht möglich.

MÖBEL AUFSTELLEN UND AUSRICHTEN

Wichtiges Hilfsmittel beim Aufstellen und Justieren von Möbeln (insbesondere Küchenschränken) ist eine lange Wasserwaage. An Wohnraummöbeln sind kaum Verstellmöglichkeiten vorgesehen, um unebene Böden auszugleichen. Hier hilft nur das Unterlegen von Holzscheiben oder -keilen an den entsprechenden Stellen.

Das mag zunächst banal klingen, ist aber wichtig, damit sich die Möbel nicht verziehen und ihre Leim- oder Beschlagverbindungen dadurch instabil werden. Außerdem

SIE BRAUCHEN
für das Aufstellen und Ausrichten von Möbeln:
- Zollstock
- Wasserwaage
- Schraubendreher
- Hammer
- Leim
- Schrauben
- Restholz zum Unterfüttern

Nicht verstellbare Füße werden mit einem exakt passenden Hartholzbrett unterlegt. So wird verhindert, dass sich der Möbelkorpus verzieht und deswegen Türen und Schubladen klemmen.

dürfte das korrekte Ausrichten von Türen bei verzogenen Korpussen kaum möglich sein. Für Oberschränke gibt es zahlreiche Möglichkeiten (zum Beispiel justierbare Aufhängungen), sie „in die Waage" zu bringen.

Bei Unterschränken verfügen die hochwertigen Fabrikate über höhenverstellbare Sockelfüße, um Bodenunebenheiten auszugleichen. Reicht der Verstellbereich nicht aus, sind Unterlagen aus Hartholz erforderlich, die so unter das Möbelstück gelegt werden, dass sie nicht hervorstehen.

Beim Ausrichten der Einzelkorpusse muss immer die Flucht der gesamten Zeile im Auge behalten werden: für Oberschränke aus optischen Gründen, bei Unterschränken für eine brauchbare Arbeitsplatten-Auflage. Beim Aufstellen sollte etwas Luft zur Wand bleiben, um mögliche Unebenheiten überbrücken zu können. Der Spalt wird später durch die Arbeitsplatte und Abschlussleisten überdeckt.

BESCHÄDIGTE SCHRANKFÜSSE ERSETZEN

SIE BRAUCHEN für das Ersetzen beschädigter Schrankfüße:

- Zollstock
- (Elektro-)Säge
- Bohrmaschine
- Forstnerbohrer
- Passendes Ersatzholz
- Handsäge
- Schleifmittel
- Leim

Besonders bei älteren Möbelstücken ist nicht nur im Korpus, sondern auch in den Füßen mit Holzwurm-Aktivitäten zu rechnen.

Das kann so weit gehen, dass der betroffene Fuß nicht mehr tragfähig ist und ausgetauscht werden muss. Bei geraden Füßen ist das einfach zu bewerkstelligen: Fuß entfernen, Leimstelle säubern, neuen Fuß als exakte Kopie des alten nachbauen, an die alte Stelle leimen und, falls möglich, verschrauben.

Gedrechselte Füße erfordern etwas mehr Aufwand. Sie sind in der Regel mit einem angedrehten Zapfen versehen und deshalb schwieriger zu lösen. Vorgefertigte Möbelfüße (paarweise) gibt es in Holz- und Baumärkten. Soll der neue

Fuß genau dem alten Original entsprechen, kann meist nur ein Schreiner, der über eine professionelle Drechselbank verfügt, für adäquaten Ersatz sorgen.

TIPP: SCHÄDEN VERMEIDEN

Beschädigungen des Bodenbretts können weitgehend vermieden werden, indem man zum Beispiel mehrere Lagen Schreibpapier unterlegt.

1 Mit einer Rücken- oder Feinsäge wird der beschädigte Fuß vom eingeleimten Zapfen getrennt.

2 Mit einem Forstnerbohrer wird ein Sackloch eingebracht, dessen Durchmesser dem des neuen Zapfens entspricht.

3 Unter Leimzugabe in das Sackloch und am neuen Zapfen wird der neue Fuß eingesetzt. Herausquellenden Leim sofort mit einem feuchten Lappen entfernen.

SIE BRAUCHEN für das Anschäften von Stuhl- und Tischbeinen:

- Zollstock
- (Elektro-)Säge
- Bandschleifer (stationär)
- Passendes Ersatzholz
- Schraubzwingen
- Schleifmittel
- Leim

STUHL- UND TISCHBEINE ANSCHÄFTEN

Das Anschäften ist eine Technik, mit der die beschädigten Enden von Stuhl- und Tischbeinen erneuert werden können, ohne das komplette Bein austauschen zu müssen.

Für die Verbindung sollten die Leimflächen möglichst groß sein, um eine ausreichende Festigkeit zu erreichen. Die Technik ähnelt der einer Überblattung, wobei die Verbindungsflächen aber nicht parallel zur Längsachse der Beine, sondern schräg dazu verlaufen. Je flacher die Neigung

1 Verantwortlich für diesen Bruch war der unglücklich sitzende Astkern. Er hat die normale Querschnitts- Festigkeit des Beines an dieser Stelle auf nahezu die Hälfte reduziert.

2 Oberhalb des Bruchs wird das Bein möglichst großflächig schräg abgeschnitten. Das Ersatzstück muss den exakt gleichen Neigungswinkel aufweisen wie das Bein.

3 Vor dem Verleimen ist zu überprüfen, ob sowohl die Neigungen beider Teile als auch die Länge des Ersatzstücks passen. Zum Verbinden wird auf eine Fläche mit einem feinen Zahnspachtel Weißleim aufgezogen. Bis zum Aushärten stabilisieren Zwingen (mit Zulagen) die Verbindung.

ist, desto größer sind die Leimflächen. Die Neigungswinkel beider Leimflächen müssen identisch sein, sonst gibt es einen Knick im Bein. Damit die Verlängerung durch das neue Stück später kaum auffällt, sollten Holzart, Farbe und Maserungsverlauf möglichst genau auf das zu reparierende Möbelbein abgestimmt sein.

TIPP: NUR FÜR DICKERE HÖLZER

Für das Anschäften muss der Beinquerschnitt eine gewisse Größe haben. Bei sehr dünnen Beinen ist diese Technik kaum geeignet, weil die Fläche für eine belastbare Verbindung nicht ausreicht.
Vor dem Leimauftrag die Werkstücke probehalber trocken zusammenzwingen und Justierhilfen vorbereiten, die das Verrutschen beim Zwingen mit aufgetragenem Leim verhindern.

MÖBELGLEITER ANBRINGEN

Möbelgleiter sollen – beispielsweise bei Sitzmöbeln – zum einen Bodenbeläge schützen und zum anderen nervende Geräusche beim Möbelrücken vermeiden helfen.

Die Wahl des richtigen Gleiters ist abhängig von seinem Einsatzzweck. Filzgleiter eignen sich für Möbel, die auf Fliesen-, Dielen-, Parkett- und Laminatböden stehen beziehungsweise bewegt werden. Erhältlich sind neben vorgestanzten Filzgleitern verschiedener Durchmesser auch selbstklebende Zuschnitte, aus denen sich nahezu jede gewünschte Größe schneiden lässt. Die runden Gleiter gibt es mit Stift (zum Einschlagen) und selbstklebend. Für Teppiche oder Teppichböden eignen sich Möbeluntersetzer, Kappen und Metallgleiter. Möbeluntersetzer sind rund und quadra-

SIE BRAUCHEN
für das Anbringen von Möbelgleitern:
- Hammer
- Feile
- Schleifmittel
- Möbel- bzw. Einsteckgleiter

tisch in verschiedenen Größen erhältlich. Sie werden unter das Möbelbein gelegt. Kappen werden auf oder in Metallfüße gesteckt. Metallgleiter mit Stiften werden ebenfalls eingeschlagen. Die komfortablere Version hat zusätzlich eine PVC-Scheibe. Bei selbstklebenden Teppichgleitern sitzt über dem Filzkörper eine Metallkappe.

TIPP: MÖBELGLEITER

Einschlagbare Möbelgleiter eignen sich nur für Füße und Beine aus Holz. Für Metallbeine sind runde und quadratische Einsteckgleiter erhältlich; außerdem ovale, runde und quadratische Fußkappen zum Überstülpen.

1 Im linken Bilddrittel sind angeordnet: Fußkappen, Einsteckgleiter und Möbeluntersetzer; in der Mitte: Filz-, Kunststoff- und Metallgleiter zum Einschlagen; rechts: selbstklebende Filz- und Kunststoffgleiter in verschiedenen Farben und Formaten sowie zum Selbstzuschneiden. Letztere sind nur für wenig bewegte Möbel geeignet.

2 Selbstklebende Filzgleiter benötigen eine saubere, trockene, staubfreie und möglichst ebene Oberfläche.

3 Die dunklen Filzgleiter sind beim Gebrauch kaum noch zu erkennen.

SCHUBLADEN / -KÄSTEN LAUFFÄHIG MACHEN

Klemmende Schubladen sind lästig. Aber Holz arbeitet nun mal, auch wenn es bereits in Möbeln verbaut ist. Deshalb sind Vollholzkonstruktionen immer gewissen Formveränderungen unterworfen.

Bei hoher Luftfeuchtigkeit neigt Holz zum Quellen: Formteile passen nicht mehr zusammen. Bei zu trockener Raumluft zieht sich das Material zusammen: die Leimfugen reißen. Klemmen Schubladen, gilt die erste Kontrolle immer der Schubladenführung oder -aufhängung. Der einfachste Grund

1 Mit Seife oder farblosem Kerzenwachs behandelte Laufleisten machen Holzschubladen wieder ausreichend lauffähig.

2 Durch nachträglich eingeklebte dünne Laufleisten (zum Beispiel Buche-Umleimer) kann es passieren, dass die Schublade nicht mehr in die Öffnung passt. Die kleinen Überstände werden auf den unteren Längskanten der Schubladenseiten abgehobelt. Die Frontplatte schließt dann wieder ab wie vorher.

SIE BRAUCHEN für das Lauffähigmachen von Schubladen und Schubkästen:
- Hobel
- Schleifmittel
- Seife
- Kerzenwachs

TIPP: EINGESCHLIFFEN

Bei sehr schmalen Schubladenseiten funktioniert das Abschleifen auch gut mit einem Holz- oder Korkklotz, umwickelt mit Schleifpapier. Gearbeitet wird in Maserungsrichtung. Feinporiges Laubholz (Buche, Ahorn) benötigt 220er Schleifpapier, Weichhölzer (Fichte, Kiefer, Lärche) eine gröbere Körnung von 120 oder 150.

könnte es jedoch auch sein: Vielleicht ist die Schublade schlicht überladen.

In der Regel lassen sich bei Holzschubladen die „Führungsprobleme" mit sparsam aufgetragener Seife oder Kerzenwachs beheben. Öle sind nicht geeignet, da sie in das Holz einziehen und dann den Gleiteffekt verlieren.

BESCHLÄGE ANBRINGEN UND ERSETZEN

Als Beschläge werden alle Teile bezeichnet, die zum Verbinden, Verschließen und Drehen von Möbelteilen dienen. Sie sind aus unterschiedlichen Metallen oder Kunststoff hergestellt. Die wichtigsten sind: Scharniere, Bänder, Griffe und Verbinder in vielen Ausführungen und verschiedenen Funktionen.

WARENKUNDE

Beschläge unterscheiden sich nach solchen, die sich zerlegen lassen und Produkten, bei denen die Komponenten untrennbar miteinander verbunden sind. Zur ersten Gruppe gehören alle Türbänder (auch die als Federscharnier bezeichneten) und die gebräuchlichsten Möbelverbinder. Die zweite Produktgruppe umfasst hauptsächlich Scharniere, deren Lappen zwar beweglich, aber nicht voneinander lösbar sind. Die Ausnahme bildet das Kulissenscharnier, das einen herausnehmbaren Verbindungsstift besitzt.

- Weit verbreitet sind Topfbänder . Sie haben den Vorteil, dass sie von außen nicht sichtbar sind. Mit „normalen" Topfbändern angeschlagene Türen lassen sich aber nur bis ca. 95 Grad öffnen. Türdicken, Eckabstände und Einbohrmaße sind unterschiedlich und bei jedem Produkt gesondert zu beachten. In der Regel schlagen Türen an

Möbelstücken an Seiten- oder Mittelwänden innen- oder aufliegend an. Für jeden dieser Einsatzzwecke gibt es das richtige Topfband. Leichter zugänglich sind Schränke mit Bändern, die einen größeren Öffnungswinkel aufweisen. Federscharniere (auch sie besitzen den charakteristischen Topf) sind mit verschiedenen Öffnungswinkeln erhältlich. Türen, die zu beiden Seiten an einer Zwischenwand befestigt sind, sollten einen 90-Grad-Winkel nicht überschreiten.

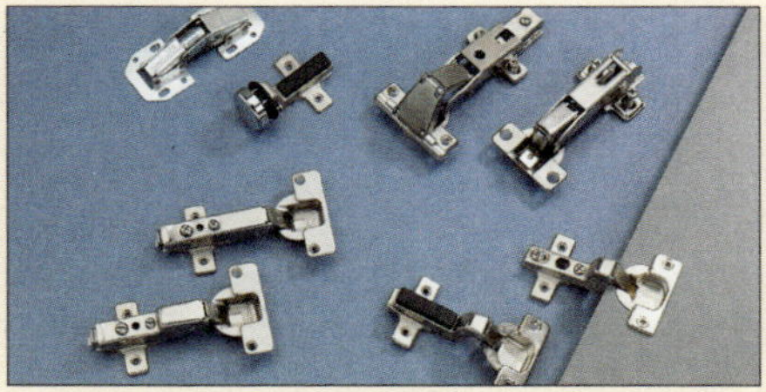

1 Die obere Reihe zeigt: Aufschraubscharnier, Glastürscharnier und zwei Weitwinkelscharniere (v. li.); unten: zwei Scharniere für aufliegende und zwei für innenliegende Türen.

2 Im linken Bilddrittel: gerade Möbelbänder (vernickelt und vermessingt); in der Mitte: gekröpfte Möbelbänder (brüniert); rechts: Schmuckzier- und Einbohrbänder (brüniert, vermessingt, vernickelt – gibt's aber auch verzinkt).

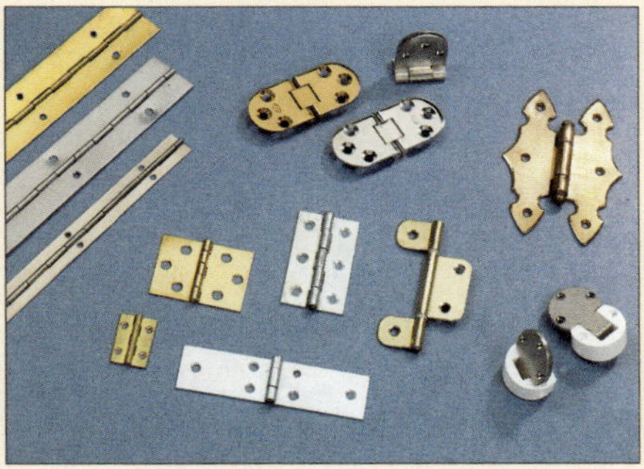

3 Das Bild zeigt links: Stangenscharniere (Klavierbänder); in der Mitte oben: Nähtisch- Scharniere; unten: Schatullen-Scharniere, ein Lamellentür-Scharnier und ein breites Tischband; rechts oben: Zier-Schatullenscharnier; unten: Klappenscharniere. Diese Produkte bestehen meist aus Messing oder sind vermessingt, verzinkt und vernickelt. Möglich ist auch ein Materialmix: zum Beispiel Metall/Kunststoff.

- Für sichtbare Verbindungen eignen sich Einbohrbänder mit Zierkopf (so genannte Zierbänder). Sie bestehen aus zwei Teilen. Das obere wird in die Tür, das untere in die Seiten- oder Mittelwand geschraubt. Einfache Möbelbänder sind flach wie Scharniere, bestehen aber wie Einbohrbänder aus zwei Teilen. Aus optischen Gründen werden sie vorwiegend im einfachen, preiswerten Möbelbau eingesetzt.
- Angeboten werden Scharniere und Bänder in vielen Größen, Materialien und Qualitäten. Eine Spezialität sind Klappenscharniere. Sie benötigen wenig Platz. Gute Produkte sind in allen Teilen justierbar. Weit verbreitet ist das Stangenscharnier (Klavierband). Es wird zuerst mit der Tür und dann mit dem Korpus verschraubt.
- Lösbare Möbelverbinder ermöglichen einen mehrfachen Auf- und Abbau. Die gebräuchlichsten sind Trapez-, Exzenter- und Schrauben-/Rundmutter-Verbinder.

4 Lösbare Möbelverbinder: Trapez- und Arbeitsplattenverbinder (oben), unterschiedliche Exzenter und Schraubenverbinder, teilweise mit Einschraubdübeln (Mitte und unten). Die Materialien: verschiedene Metalle und Kunststoff oder ein Mix daraus.

5 Bodenträger aus Kunststoff und verschiedenen Metallen zum Einschlagen und Einstecken mit und ohne Hülse. Spezielle Exemplare (rechts unten) ermöglichen das Fixieren des Einlegebodens durch Schrauben. Unterschiedliche Dimensionen erlauben variable Tragkräfte.

- Bodenträger sind als verstellbare und feste Produkte erhältlich. Sie bieten eine punktweise oder kantenlange Auflage für Einlegeböden. Zu unterscheiden sind Stifte, Winkel, Schienen, Leisten und Dübel. Sie werden eingestiftet, eingeschraubt und (in Hülsen) eingesteckt.

BESCHLÄGE NEU BEFESTIGEN

Topfscharniere sind mittlerweile Standard bei Möbelbeschlägen. Sie haben gegenüber den früher verwendeten Scharnieren viele Vorteile. Aufgrund ihrer speziellen Konstruktion sind die Scharniere auch bei einer Überbelastung kaum zu zerstören.

SIE BRAUCHEN für das Befestigen ausgerissener Beschläge:
- Zollstock
- Schraubendreher
- Beitel/Stemmeisen, Spachtel
- Schleifmittel
- Reparaturpaste

1 Nicht mehr tragfähig: Eine Schraube des Topfscharniers ist ausgerissen und hat das Gefüge der Spanplatte völlig zerstört.

2 Die mit dem Beitel/Stemmeisen vollständig gesäuberte Schadstelle wird mit reichlich Reparaturpaste verspachtelt.

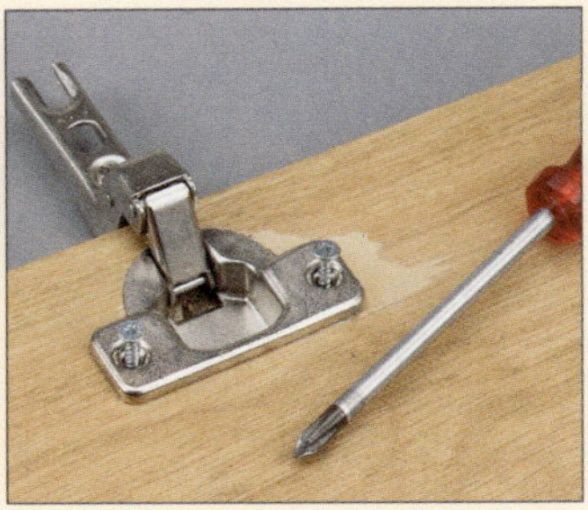

3 Die Topfbohrung wird in die Reparaturpaste eingedrückt und so wieder ausgeformt. Nach dem vollständigen Durchhärten der Reparaturpaste wird das eingesetzte Topfscharnier von Hand verschraubt.

TIPP: PRÄZISE

Als **Führung für die Schrauben** in der ausgehärteten Reparaturpaste ein Loch vorbohren. Der Kerndurchmesser des Bohrers muss der Schraube entsprechen.
Das **Verschrauben** nach dem Durchhärten manuell, nicht mit einem Akkuschrauber vornehmen, so wird ein Überdrehen vermieden.

Weniger widerstandsfähig ist aber das Trägermaterial, in dem sie verankert sind. Vor allem bei Küchenfronten handelt es sich in der Regel um beschichtete Spanplatten, oft nicht einmal der besten Qualität. So können die zwangsläufig kurzen Schrauben der Scharniere leicht ausreißen. Mit den auf dem Markt angebotenen Reparaturmitteln (Spachtelmassen) ist das Beheben kleinerer Holzschäden kein Problem mehr. Gebräuchlich sind sogenannte Reparaturpasten . Sie werden in zahlreichen Farbtönen angeboten und haben den Vorteil, dass sie sich nach dem vollständigen Aushärten wie Holz bearbeiten lassen. Man kann sie bohren, fräsen und schleifen. Das ist auch vorteilhaft bei der Nachbildung des Topfes für das Türband, dessen Kontur beim Ausreißen gelitten hat.

Da es sich hier zum Teil um sehr feine Arbeiten handelt, sollten die eingesetzten Werkzeuge gut geschärfte Schneiden haben.

AUSGERISSENE BODENTRÄGER NEU BEFESTIGEN

SIE BRAUCHEN für das Befestigen ausgerissener Bodenträger:
- Zollstock
- Bohrmaschine
- Spezial-Spachtelmasse
- Schleifmittel

Für Fachböden sind nach der DIN 68874 abhängig von ihrer Materialdicke und der Spannweite zwischen den Auflagern, bestimmte maximale Belastungen vorgesehen, um ein zu starkes Durchbiegen zu vermeiden. Dabei ist von drei Belastungsgruppen auszugehen:
- Gruppe I: 50 kg/m² (Weingläser bzw. Unterwäsche, Taschentücher, Socken)
- Gruppe II: 85 kg/m² (Kleidungsstücke, Handtücher)
- Gruppe III: 110 kg/m² (Bettwäsche, Bücher)

Belastet sind aber nicht nur die Fachböden, sondern auch die Bodenträger und das Material der Trägerwände. Gerade Spanplatten (auch beschichtete) neigen dazu, im Bereich der Bodenträgerbohrungen bei Überlastung zu splittern. Bei Massivholzwänden besteht diese Gefahr kaum, weil deren gewachsenes Gefüge fester ist. Zum Beheben solcher Schadstellen eignen sich zweikomponentige Mittel (Klebeharz/Multispachtel), die aus einem Basismaterial und einem Härter bestehen. Diese Komponenten werden vor dem Gebrauch gemischt und sind dann innerhalb der offenen Zeit (steht auf dem Gebinde) zu verarbeiten. Nach etwa 24 Stunden sind sie so weit durchgehärtet, dass sie gebohrt, gefräst oder geschliffen werden können.

1 Der Bodenträger wurde nach unten gedrückt und hat durch die Hebelwirkung die Spanplatte oberhalb der Bohrung ruiniert.

2 Mit einer speziellen Spachtelmasse wird die beschädigte Bohrung komplett gefüllt und mit einer scharfen Kante abgezogen: So spart man sich ein Nachschleifen.

3 Nach dem Aushärten der Spachtelmasse wird an alter Stelle neu gebohrt. Da die ausgehärtete Spachtelmasse meist härter als der Kern der Spanplatte ist, empfiehlt es sich, die Bohrstelle erst anzukörnen, um ein Abrutschen des Bohrers zu verhindern.

TIPP: VERARBEITUNG

Die hier verwendete Spachtelmasse ist ein Zweikomponenten-Produkt. Nach dem Mischen von Basismaterial und Härter bleiben 20 Minuten Verarbeitungszeit. Deshalb sollte immer nur so viel Material angemischt werden, wie sich in dieser Zeit verarbeiten lässt.

STICHWORTVERZEICHNIS

ADRESSEN

Suchmaschinen und Informationsportale für Heimwerkerinnen und Heimwerker

- Informationsportal der Deutschen Heimwerker Akademie.
www.dha.de

- Umfassender Informationsdienst der Zeitschrift „das Haus" mit aktuellen Informationen und umfangreichem Ratgeber- und Adressteil. Tägliche Aktualisierung. Kostenlos.
www.haus.de

- Informationen zu Produktlabeln und Gütesiegeln.
www.label-online.de

- Die Online-Parallelausgabe der Zeitschrift „Selbst ist der Mann" ist ein Onlinedienst mit Informationen über alle Spielarten des Heimwerkens von Innenausbau über Gartenbau, Bauen und Renovieren bis hin zu Basteln und Dekorieren. Mit Techniklexikon und Heimwerker-Grundwissen. Monatliche Aktualisierung. Kostenlos.
www.selbst.de

- Eine Suchmaschine speziell zu den Themen Bauen, Heimwerken, Handwerk, Wohnen, Garten und Baugewerbe. Einkauf und Produktinformationen.
www.suchbagger.de

- Brancheninformationsdienst mit Anleitungen für Heimwerker und Hobbygärtner, Checklisten, Güteklassen, Informationen rund um Neubau, Umbau und Renovierung. Monatliche Aktualisierung. Kostenlos.
www.baumarkt.de

- Die erste deutsche Shopping Mall speziell für Heimwerker und Bauherren mit Zehntausenden von Angeboten.
www.baumarkt-shopping.de

- Bosch-Helpline: Wer Tipps zur Arbeit mit Heimwerkermaschinen braucht, findet hier Hilfestellung.
www.bosch-do-it.de/heimwerker

- Onlinebaumarkt mit Heimwerkerlexikon: Mit Material- und Werkzeugkunde und vielen Tipps zum Renovieren, Bauen, Schweißen, Tapezieren usw. Kostenlos.
www.heimwerker.de

- Onlineportal der Firma Hornbach mit Tipps und Anleitungen rund ums Renovieren im Haus.
www.hornbach.de

- Das Werkzeug-Portal für Heimwerker und Handwerker.
www.werkzeug-news.de

Zentralverband des Deutschen Handwerks

■ Die Handwerkskammern können qualifizierte Handwerksunternehmen nennen und Sachverständige als Gutachter zur Verfügung stellen. Deutschland ist in 53 Handwerkskammern unterteilt. Über die Homepage oder die telefonische Auskunft des Dachverbands gelangen Sie zu Ihrer jeweiligen Handwerkskammer.

■ Zentralverband des Deutschen Handwerks e. V.
Mohrenstraße 20/21
10117 Berlin
Postfach 110472
10834 Berlin
Tel.: 0 30/20 61 9–0
www.zdh.de
www.zdh.de/handwerksorganisationen/handwerkskammern.html

Verbraucherzentralen
Bundesländer in alphabetischer Reihenfolge

■ Baden-Württemberg
Paulinenstraße 47
70178 Stuttgart
Tel. 07 11/66 91–10
info@vz-bw.de

■ Bayern
Mozartstraße 9
80336 München
Tel. 0 89/53 98 70
info@vzbayern.de

■ Berlin
Hardenbergplatz 2
10623 Berlin
Tel. 0 30/2 14 85–0
mail@verbraucherzentrale-berlin.de

■ Brandenburg
Templiner Straße 21
14473 Potsdam
Tel. 03 31/2 98 71–0
info@vzb.de

■ Bremen
Altenweg 4
28195 Bremen
Tel. 04 21/1 60 77–7
info@verbraucherzentrale-bremen.de

■ Hamburg
Kirchenallee 22
20099 Hamburg
Tel. 0 40/2 48 32–0
info@vzhh.de

■ Hessen
Große Friedberger Straße 13–17
60313 Frankfurt/Main
Tel. 0 180 5–97 20 10
(0,14 € pro Minute aus dem deutschen Festnetz; aus dem Mobilfunk maximal 0,42 € pro Minute)
vzh@verbraucher.de

■ Mecklenburg-Vorpommern
Strandstraße 98
18055 Rostock
Tel. 03 81/2 08 70 50
(keine Beratung)
info@nvzmv.de

■ Niedersachsen
Herrenstraße 14
30159 Hannover
Tel. 05 11/9 11 96–0
info@vzniedersachsen.de

■ Nordrhein-Westfalen
Mintropstraße 27
40215 Düsseldorf
Tel. 02 11/38 09–0
vz.nrw@vz-nrw.de

■ Rheinland-Pfalz
Seppel-Glückert-Passage 10
55116 Mainz
Tel. 0 61 31 / 28 48 – 0
info@vz-rlp.de

■ Saarland
Trierer Straße 22 (Haus der Beratung)
66111 Saarbrücken
Tel. 06 81 / 5 00 89 – 0
vz-saar@vz-saar.de

■ Sachsen
Brühl 34 – 38
04109 Leipzig
Tel. 03 41 / 69 62 90
vzs@vzs.de

■ Sachsen-Anhalt
Steinbockgasse 1
06108 Halle
Tel. 03 45 / 2 98 03 29
vzsa@vzsa.de

■ Schleswig-Holstein
Andreas-Gayk-Straße 15
24103 Kiel
Tel. 04 31 / 5 90 99 – 0
info@vzsh.de

■ Thüringen
Eugen-Richter-Straße 45
99085 Erfurt
Tel. 03 61 / 5 55 14 – 0
info@vzth.de

Mietfragen

■ Deutscher Mieterbund e.V. (DMB)
Littenstraße 10
10179 Berlin
Tel. 0 30 / 2 23 23 – 0
info@mieterbund.de

■ In allen größeren Städten und in vielen kleineren Gemeinden gibt es örtliche Mietervereine mit Beratungsstellen. Sie helfen ihren Mitgliedern bei Mietproblemen. Bei Wahl der Servicenummer 0 180 5 / 83 58 35 werden Sie sofort zum nächsten Mieterverein weiterverbunden.

■ Haus & Grund Deutschland
Zentralverband der Deutschen Haus-, Wohnungs- und Grundeigentümer e.V.
Mohrenstraße 33
10117 Berlin
Tel. 0 30 / 2 02 16 – 0
zv@hausundgrund.de

Impressum

© 2012 Stiftung Warentest, Berlin

Stiftung Warentest
Lützowplatz 11–13
10785 Berlin
Telefon 0 30/26 31–0
Fax 0 30/26 31–25 25
www.test.de

Vorstand: Hubertus Primus
Weiteres Mitglied der Geschäftsleitung:
Dr. Holger Brackemann
(Bereichsleiter Untersuchungen)

Alle veröffentlichten Beiträge sind urheberrechtlich geschützt. Das gilt auch gegenüber Datenbanken und ähnlichen Einrichtungen. Die Reproduktion – ganz oder in Teilen – durch Nachdruck, fototechnische Vervielfältigung oder andere Verfahren – auch Auszüge, Bearbeitungen sowie Abbildungen – oder Übertragung in eine von Maschinen, insbesondere Datenverarbeitungsanlagen, verwendbare Sprache oder die Einspeisung in elektronische Systeme bedarf der vorherigen schriftlichen Zustimmung des Verlags. Alle übrigen Rechte bleiben vorbehalten.

Programmleitung: Niclas Dewitz
Autoren: Peter Birkholz, Michael Bruns, Karl-Gerhard Haas, Hans-Jürgen Reinbold
Fachliche Beratung: Lukas Kreuz, Elektrotechnikmeister; Dipl.-Ing. (FH) Markus Wölfel
Lektorat: Johannes Tretau

Titelentwurf: Büro Brendel, Berlin
Gestaltung: Sylvia Heisler
Bildredaktion: Büro Brendel, Berlin
Bildnachweis: Ralph Kaiser (Titel); Andreas Batke, Berlin; (S. 4, 10); Tom Philippi, Stuttgart (S. 22, 31, 35, 38, 43, 47); Nada Quenzel, Berlin (S. 21, 24, 27, 28, 31, 32, 36, 45, 48, 50–52); Tobias Kleitsch, Köln (S. 14, 54–74, 83–85, 88, 94–121); Makita Werkzeug GmbH (S. 24); AEG GmbH (S. 24, 29, 31); Bosch Elektrowerkzeuge (S. 26, 37, 44); C & E FEIN GmbH & Co. KG (S. 27); Wera Hermann Werner GmbH & Co. KG (S. 36); Novus Befestigungstechnik (S. 40); Tormek AB (S. 46); Hailo Rudolf Loh GmbH & Co. KG (S. 53); Redaktion „Selbst ist der Mann“ (S. 80–81, 90–92); Tarkett Sommer AG (S. 86, 87); PUR/Reinbold (S. 89); Metabowerke GmbH (S. 44); DeWalt (S. 26, 34);
Produktion: Sylvia Heisler, Vera Göring
Verlagsherstellung: Rita Brosius (Ltg.), Susanne Beeh
Druck: Grafisches Centrum Cuno GmbH & Co. KG, Calbe

Einzelbestellung:
Stiftung Warentest
Telefon 0180 5/00 24 67
Fax 0180 5/00 24 68
(je 14 Cent pro Minute aus dem Festnetz, maximal 42 Cent pro Minute aus dem Mobilfunknetz)
www.test.de/shop

ISBN: 978-3-86851-044-7